职业教育改革创新示范教材

QICHE DIANQI SHEBEI GOUZAO YU WEIXIU LISHI YITIHUA JIAOCAI

汽车电气设备构造与维修
理实一体化教材

主　编　李云杰　黄龙进
副主编　杨德宁　何　俊

人民交通出版社
China Communications Press

内 容 提 要

本书介绍了汽车电气设备各组成部分的结构、工作原理及常见维护与检修项目，主要内容包括汽车电路图的识读、蓄电池的构造与维修、发电机的构造与维修、起动机的构造与维修、照明系统、信号系统、仪表及报警装置的构造与维修、风窗刮水器和洗涤器的构造与维修和汽车空调系统的构造与维修，共7个项目，16个学习任务。

本书可作为职业院校汽车运用与维修专业的教学用书，也可作为各类汽车职业培训及从事汽车修理工作的人员参考用书。

图书在版编目（CIP）数据

汽车电气设备构造与维修理实一体化教材／李云杰，黄龙进主编． — 北京：人民交通出版社，2012.7

ISBN 978-7-114-09942-7

Ⅰ. ①汽… Ⅱ. ①李…②黄… Ⅲ. ①汽车–电气设备–构造–职业教育–教材 ②汽车–电气设备–车辆修理–职业教育–教材 Ⅳ. ①U472.41

中国版本图书馆 CIP 数据核字（2012）第 161518 号

职业教育改革创新示范教材Ⅲ

书　　名：	汽车电气设备构造与维修理实一体化教材
著 作 者：	李云杰　黄龙进
责任编辑：	曹延鹏
出版发行：	人民交通出版社股份有限公司
地　　址：	（100011）北京市朝阳区安定门外外馆斜街3号
网　　址：	http://www.ccpcl.com.cn
销售电话：	（010）59757973
总 经 销：	人民交通出版社股份有限公司发行部
经　　销：	各地新华书店
印　　刷：	北京市密东印刷有限公司
开　　本：	787×1092　1/16
印　　张：	14
字　　数：	324 千
版　　次：	2012 年 8 月　第 1 版
印　　次：	2023 年 7 月　第 9 次印刷
书　　号：	ISBN 978-7-114-09942-7
定　　价：	28.00 元

（有印刷、装订质量问题的图书由本社负责调换）

职业教育改革创新示范教材
（汽车运用与维修专业）编委会

（排名不分先后）

主　任：梁　辉（广西理工职业技术学校）　　杨筱玲（南宁市第四职业技术学校）

副主任：黄宏伟（广西玉林商贸技工学校）　　蒋桂学（柳州汽车运输技工学校）
　　　　　陈健健（南宁市第四职业技术学校）　梁家生（广西理工职业技术学校）
　　　　　李显贵（广西机电工程学校）　　　　马立峰（柳州市交通学校）
　　　　　黄红阜（广西南宁高级技工学校）　　蒙少广（来宾市技工学校）

委　员：彭荣富　杨德宁　黄启敏　贺　民　江　巍　卢　义（广西理工职业技术学校）
　　　　　潘仕梁　谢德平　韦　善　黄健华　廖　冰　来　君（广西机电工程学校）
　　　　　苏昭锋　何广玉　欧俊国　蓝荣龙（广西南宁高级技工学校）
　　　　　李文雄　曹玉兰　兰斌富　覃绍活　黄凯华（南宁市第四职业技术学校）
　　　　　张　挺　谢云涛　黄昌海（广西第一工业学校）
　　　　　黎世琨　胡明胜（广西二轻技校）
　　　　　谭武明（广西玉林农业学校）
　　　　　曾清德（广西工学院职业技术教育学院）
　　　　　高　彬　许雪松　蒙纪元（广西华侨学校）
　　　　　封桂炎　赵霞飞　滕松蓉　纪静华　陈蕾羽（广西交通技师学校）
　　　　　钟　干　谢林宏　郭春华　韦福武（广西玉林商贸技工学校）
　　　　　莫学明（广西钟山县中等职业技术学校）
　　　　　刘树能　李　元　李玉雄（来宾市技工学校）
　　　　　唐腊梅　蒋建晨　赖傅杰　黄宗尔（柳州汽车运输技工学校）
　　　　　张兴富　詹俊松　董　军　周　雄　梁　松（柳州市技工学校）
　　　　　黄　懿　覃新居　罗柳健（柳州市交通学校）
　　　　　洪　均　李建华（容县职业中等专业学校）
　　　　　原伟忠　罗　青　钟仁敏（广西玉林高级技工学校）
　　　　　覃照锦　陈　泉（河池市职业教育中心学校）

编委会秘书：覃伟英（南宁培育图书有限责任公司）

前言 QIANYAN

《国家中长期教育改革和发展规划纲要(2010—2020年)》中提出:大力发展职业教育,把职业教育纳入经济社会发展和产业发展规划,把提高质量作为重点;以服务为宗旨,以就业为导向,推进教育教学改革。实行工学结合、校企合作、顶岗实习的人才培养模式;满足人民群众接受职业教育的需求,满足经济社会对高素质劳动者和技能型人才的需要。

职业教育的发展已作为国家当前教育发展的战略重点之一,但目前学校所使用的教材普遍存在以下几个方面的问题:

(1)学生反映难理解,教师反映不好教;

(2)企业反映脱离实际,与他们的需求距离很大;

(3)不适应新一轮教学改革的需要,汽车车身修复、汽车商务、汽车美容与装潢等专业教材急缺;

(4)立体化程度不够,教学资源质量不高,教学方式相对落后。

针对以上问题,结合人民交通出版社汽车类专业教材的出版优势,我们开发了《职业教育改革创新示范教材》。本套教材以"积极探索教学改革思路,充分考虑区域性特点,提升学生职业素质"的指导思想,采用职教专家、行业一线专家、学校教师、出版社编辑"四结合"的编写模式。教材内容的特点是:准确体现职业教育特点(以工作岗位所需的知识和技能为出发点);理论内容"必需、够用";实训内容贴合工作一线实际;选图讲究,易懂易学。

该套教材将先进的教学内容、教学方法与教学手段有效地结合起来,形成课本、课件(部分课程配)和习题集(部分课程配)三位一体的立体教学模式。

本书取材新颖,图文并茂,可以帮助广大学生及汽车爱好者更好地了解汽车文化与汽车构造等基本知识,带领大家进入一个多彩的汽车世界。

本书由广西机械高级技工学校李云杰、河池职业教育中心黄龙进主编,由广西理工职业技术学校杨德宁、广西交通运输学校何俊担任副主编。参与本书编写工作的还有柯裕伟、黎敬东、韦福武、张德龙、黄文剑、黄志、张立新等。

限于编者的经历和水平,书中难免有不妥或错误之处,敬请广大读者批评指正,提出修改意见和建议,以便再版修订时改正。

职业教育改革创新示范教材编委会
2012 年 2 月

项目一　汽车电路图的识读

项目二　蓄电池的构造与维修

　　任务一　蓄电池的认识 ……………………………………………………………… 31
　　任务二　蓄电池的检查与更换 ……………………………………………………… 40
　　任务三　蓄电池的充电 ……………………………………………………………… 45
　　工作页 ………………………………………………………………………………… 46

项目三　发电机的构造与维修

　　任务一　发电机的认识 ……………………………………………………………… 51
　　任务二　发电机的检查与更换 ……………………………………………………… 67
　　工作页 ………………………………………………………………………………… 77

项目四　起动机的构造与维修

　　任务一　起动机的认识 ……………………………………………………………… 82
　　任务二　点火开关的检查与更换 …………………………………………………… 95
　　任务三　起动机的检查与更换 ……………………………………………………… 100
　　工作页 ………………………………………………………………………………… 111

项目五　照明系统、信号系统、仪表及报警装置的构造与维修

　　任务一　照明系统、信号系统、仪表及报警装置的认识 …………………………… 120
　　任务二　照明系统部件总成或灯泡的更换 ………………………………………… 144
　　任务三　喇叭的更换 ………………………………………………………………… 152
　　工作页 ………………………………………………………………………………… 154

项目六　风窗刮水器和洗涤器的构造与维修

　　任务一　风窗刮水器和洗涤器的认识 …………………………………… 158
　　任务二　刮水器部件的检查与更换 ………………………………………… 168
　　工作页 …………………………………………………………………………… 174

项目七　汽车空调系统的构造与维修

　　任务一　空调系统的认识 …………………………………………………… 179
　　任务二　充注制冷剂 ………………………………………………………… 205
　　任务三　空调系统部件的更换 ……………………………………………… 208
　　工作页 …………………………………………………………………………… 212

参考文献

项目一
汽车电路图的识读

一 汽车电气设备的组成

现代汽车电气设备的种类和数量很多,但总地来说可以分为电源、用电设备和配电装置三部分。

1 电源

汽车电源包括蓄电池、发电机及调节器。发动机不工作时,车上的用电器由蓄电池供电;发动机起动后,由发电机向车上的用电器供电。发电机向用电设备供电的同时,也给蓄电池充电。调节器的作用是在发电机工作时保持其输出电压的稳定。

2 用电设备

用电设备主要由以下几个系统组成:

(1)起动系统。起动系统用来起动发动机,主要包括起动机及其控制电路。

(2)点火系统。点火系统(仅限于汽油发动机)用来点燃汽油发动机汽缸中的可燃混合气。现在的汽油发动机基本上都采用计算机控制的点火系统,主要包括点火线圈、点火控制器、火花塞、各种传感器和电子控制单元(ECU)等。

(3)照明系统。照明系统用于为车辆夜间安全行驶提供必要的车外和车内照明,包括车外和车内的照明灯具。

(4)信号装置。信号装置用于提供安全行车所必需的信号,包括音响信号和灯光信号两类。

(5)仪表及报警装置。仪表及报警装置用来监测发动机及汽车的工作情况,使驾驶人能够及时得到发动机和汽车运行的各种参数及异常情况,确保汽车正常运行。主要包括车速—里程表、发动机转速表、冷却液温度表、燃油表、机油压力表、气压表及各种报警灯和指示灯等。

(6) 车辆电动系统。车辆电动系统是指用在车辆中的小型电动机驱动装置,主要包括车辆的电动车窗、电动后视镜、风窗刮水器、电动座椅、电动天窗、中控门锁等。

(7) 空调系统。空调系统用于保持车内适宜的温度和湿度,从而保持车内空气清新。包括制冷系统、采暖系统、通风和空气净化装置等。

(8) 汽车电子控制系统。汽车电子控制系统主要指车辆中利用微机控制的各个系统,包括发动机电控系统、自动变速器电控系统、电控转向系统、电控悬架系统、电控制动系统、电控安全气囊系统、车载网络系统等。现代汽车所采用的电控系统越来越多,使汽车上的机械装置与电子控制结合得越来越紧密,形成了较为典型的机电一体化系统,这也代表了汽车今后的发展方向。

3 配电装置

配电装置包括中央接线盒、熔断器、继电器、电线束及插接件、电路开关等,可使全车电路构成一个统一的整体。

二、汽车电气设备的特点

汽车电气设备与普通的电气设备相比,有以下特点:

(1) 采用低压电源。汽车电气系统的额定电压有 12V 和 24V 两种,目前汽油机普遍采用 12V 电源。重型柴油车多采用 24V 电源。随着汽车电气设备电子化程度的提高和设备的增多,汽车电源电压有提高的趋势,以满足不断增加的用电需求。目前汽车 42V 电源系统正处于开发之中。

(2) 采用直流电。由于汽车上的电源之一是蓄电池,蓄电池为直流电源,且蓄电池放电后必须用直流电源对其充电,因此汽车上的发电机也必须输出直流电。

(3) 采用并联连接。汽车上的各用电设备均采用并联,两个电源(蓄电池与发电机)以及所有的用电设备之间都是正极接正极,负极接负极。

(4) 采用单线制。单线连接是汽车线路的特殊性。普通的电气系统必须用两条导线,一条为火线,另一条为零线,这样才能构成回路,使用电设备能够正常用电。而汽车上所有的用电设备都是并联的,所有用电设备的正极均采用导线相互连接,而所有用电设备的负极则直接或间接通过导线与具有良好的导电性能的金属车架或车身相连,即搭铁。

(5) 设有保险装置。为了防止电气线路因短路或搭铁而烧坏线束,电路中一般设有保护装置,如熔断器、易熔线等。

三、汽车电路常用部件

车辆上的电源通过保险装置、继电器、各种开关、插接器、导线及各种配电设备与用电器连接在一起,并使整个电气设备形成一个系统,它们是汽车电路中的常用部件。

1 导线

汽车电系的连接导线有低压导线和高压导线两种。

(1)低压导线。低压导线有普通导线、起动电缆和搭铁电缆之分。

①普通低压导线。普通低压导线为带绝缘层的铜质多芯软线,如图1-1所示。低压导线的截面积主要是根据用电设备的工作电流选择,但对于功率很小的电器,仅以工作电流的大小选择导线,其截面积将太小,机械强度差,因此,汽车电系中所用的导线截面积不得小于0.5mm^2。汽车用低压导线标称截面积所允许的负载电流见表1-1。

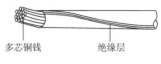

图1-1 普通低压导线

低压导线标称截面积所允许的负载电流   表1-1

导线标称截面积(mm^2)	1.0	1.5	2.5	3.0	4.0	6.0	10	13
允许电流值(A)	11	14	20	22	25	35	50	60

所谓标称截面积是经过换算而统一规定的线芯截面积,不是实际线芯的几何截面积,也不是各股线芯的截面积之和。

12V汽车电气系统主要线路导线截面积推荐值见表1-2。

12V汽车电气系统主要线路导线截面积推荐值   表1-2

标称截面积(mm^2)	适用范围
0.5	尾灯、顶灯、指示灯、仪表灯、牌照灯、燃油表、冷却液温度表等电路
0.8	转向灯、制动灯、停车灯、断电器等电路
1.0	前照灯、电喇叭(3A以下)电路
1.5	前照灯、电喇叭(3A以上)电路
1.5~4.0	其他5A以上电路
4~6	柴油机电热塞电路
6~25	电源电路
16~95	起动电路

为便于区分汽车线路,车上导线绝缘层采用不同的颜色。各国汽车厂商在电路图上多以字母(主要是英文字母)来表示导线绝缘层的颜色及条纹的颜色,其中截面积在4mm^2以上的导线均采用单色线,单色导线颜色和代号见表1-3。导线颜色代号一般用一个字母表示;若用两个字母表示,则第一个字母大写,第二个字母小写。

导线颜色和代号　　　　　　　　　表1-3

导线颜色	黑	白	红	绿	黄	棕	蓝	灰	紫	橙
代号	B	W	R	G	Y	Br	Bl	Gr	V	O

绝缘层上有两种颜色的导线称为双色导线,截面积在4mm²以下的导线采用双色线。双色线的主色所占比例大些,辅助色所占比例小些。辅助色条纹与主色条纹沿圆周表面的比例为1∶3~1∶5。双色线的标注第一色为主色,第二色为辅助色,例如1.5Y表示其标称截面积为1.5mm²,单色(黄色),而1.0GY表示标称截面积为1.0mm²,双色导线,主色为绿色,辅色为黄色。双色导线颜色代号的选择应符合表1-4的规定。

双色导线颜色的选择　　　　　　　　　表1-4

选择程序	1	2	3	4	5
导线颜色	B	BW	BY	BR	
	W	WR	WB	WBL	WY
	R	RW	RB	RY	RG
	G	GW	GR	GB	
	Y	YR	YB	YG	WY
	Br	BrW	BrR	BrY	BrB
	Bl	BlW	BlR	BlY	BlB
	Gr	GrR	GrY	GrBl	GrB

汽车电气系统中,各系统导线的主色规定见表1-5。

汽车电路各系统主色的规定　　　　　　　　　表1-5

序　号	系统名称	导线主色	代　号
1	电源系统	红	R
2	点火和起动系统	白	W
3	前照灯、雾灯及外部灯光照明系统	蓝	Bl
4	灯光信号,包括转向指示灯	绿	G
5	车身内部照明系统	黄	Y
6	仪表及警报指示和喇叭系统	棕	Br
7	收音机、电子钟、点烟器等辅助系统	紫	V
8	各种辅助电动机及电气操作系统	灰	Gr
9	电气装置搭铁线	黑	B

②起动电缆。起动电缆为带绝缘包层的大截面铜质或铝质多丝软线(图1-2),用于连接蓄电池与起动机开关的主接线柱,截面积有25mm²、35mm²、50mm²、70mm²等多种规格,允许电流达500~1000A。为了保证起动机功率的发挥,要求在线路上每100A的电流所产生的电压降不超过0.1~0.15V。

③蓄电池搭铁电缆。搭铁电缆常用于蓄电池与车架、车架与车身、发动机与车架等总成

之间的连接。蓄电池搭铁电缆有两种,一种外形同起动电缆,覆有绝缘层,另一种则是由铜丝编织成的扁形软导线,不带绝缘层,如图1-3所示。

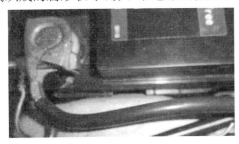

图1-2　起动电缆

图1-3　蓄电池搭铁电缆

(2)高压导线。高压导线是点火系统用于输送高压电的导线,用于连接点火线圈至火花塞之间的线路。高压线则有铜芯线和阻尼线之分,其外形如图1-4所示。其工作电压一般在15kV以上,由于工作电流很小,故其截面积较小(一般为1.5mm^2),但绝缘层很厚。

(3)汽车电气数据总线。随着集成电路和单片机在汽车上的广泛应用,汽车上的电子控制器越来越多,线路越来越繁杂。如果仍采用常规布线方式,将导致汽车上电线数目迅速增加。为了实现汽车计算机与计算机之间的通信和数据共享,现在采用数据总线用来传输数据,用得较多的数据总线为CAN总线,如图1-5所示。

图1-4　高压导线

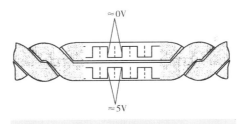

图1-5　汽车数据总线

2　线束

为了使汽车全车繁多的导线规整、方便安装及保护导线的绝缘层不被损坏,现代汽车一般都将汽车电路中各低压导线(除蓄电池导线外)用棉纱编织或用聚氯乙烯塑料带包扎成束,称为线束,如图1-6a)所示。近年来国外汽车为了方便检修线路,将导线包裹在用塑料制成开口的软管中,检修时将开口撬开即可,如图1-6b)所示。

现代汽车线束一般都分成几部分,通过连接器将电路连接。发动机前置的汽车常分成发动机室盖下线束、仪表板转向开关线束、底盘后车灯线束等。

有些汽车电路往往将复杂的电路分解成许多小的线束,再用连接件与中央接线盒连接。

安装汽车线束时,通常先将仪表板、各开关连接好,然后再安装到汽车上。根据导线的

项目一　汽车电路图的识读

颜色就可分别连接到相应的电器上,每个线头连接都必须牢固可靠,且接触良好。线束不可拉得过紧,尤其在拐弯处更需注意,在绕过锐角或穿过洞口时,应用橡胶、毛毡类的垫子或护套保护,以防磨损线束。

a)线束　　　　　　　　　　　　　　b)导线软管

图1-6　汽车线束

3 连接器

现代汽车上大量采用连接器(也叫插接器)。连接器是汽车电路中不可缺少的元件,因连接可靠、检修方便在汽车上被广泛使用。为了防止汽车行驶过程中连接器脱开,所有连接器均采用闭锁装置。连接器大致可以分为以下几类:第一类是连接线束和电器元件,第二类是连接线束与线束,第三类是连接线束与车身。还有一类称为过渡连接器,特点是将连接器中需要连接的导线用短接端子连接起来。

插接器如图1-7所示。符号涂黑的表示插头,白色的表示插座,带有倒角的表示针式插头。

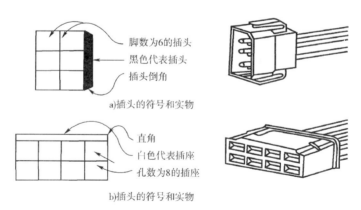

a)插头的符号和实物

b)插头的符号和实物

图1-7　插接器的符号和实物

连接器接合时,应先将其导向槽重叠在一起,使插头和插孔对准且稍用力插入,这样就可以十分牢固地连接在一起,如图1-8所示。

当要拆下连接器时,首先要解除闭锁,然后再将插接器拉开,不允许在未解除闭锁的情况下用力猛拉导线,以防止拉坏闭锁或导线。正确的方法是先压下闭锁,再把插接器拉开,如图1-9所示。

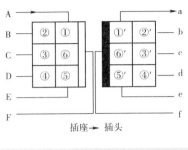

图1-8 插接器的连接方法　　　　图1-9 插接器的拆卸方法

连接器在电路图上通常用数字、字母及相应的符号表示,见表1-6。

连接器表示方法　　　　表1-6

在电路图中的符号	连接类型	在电路图中的表示方法(示例)	连接器符号(示例)
Ⓐ、Ⓑ、Ⓒ	直接与零件连接	一个连接器和一个零件	配线束一侧的连接器
		几个连接器一个零件（起动机）	配线束一侧的连接器
1A、1B	与1号接线盒连接	插脚编号、连接器符号、接线盒内的电路	连接器符号、连接器颜色 黑
2A、2B	与2号接线盒连接		
3A、3B	与3号接线盒连接		

7

续上表

在电路图中的符号	连接类型	在电路图中的表示方法(示例)	连接器符号(示例)
A1、B1	连接配线	插脚编号、插座一侧、K1、插头一侧、连接器符号	连接器符号 K1 黑 连接器颜色 插座 插头

4 开关

开关是用于控制汽车电路中各种用电设备的电器装置,它一般安装在驾驶人容易操作的范围。按操作方式可分为手操纵和脚踏式两种;按其结构原理可分为机械开关和电磁开关两种;按其用途分为电源开关、点火开关以及灯光开关等。

(1)电源总开关。电源总开关是用于接通或切断蓄电池电路,其形式有刀式和电磁式两种,其中电磁式使用得较少。

刀式电源总开关的结构如图1-10所示,由手柄、外壳和刀形触头等构成。一般用于蓄电池搭铁线的控制,它安装在驾驶人便于操纵,但又不易误操作的部位,使用时只需将操作手柄向上扳至图中虚线所示位置,汽车电源即被接通。向下拉动手柄,则电源断开(图中实线位置)。

(2)点火开关。点火开关用于接通起动机控制电路并且控制全车的用电器工作。汽车的点火开关装在转向柱上,通常有五个挡位,如图1-11所示。

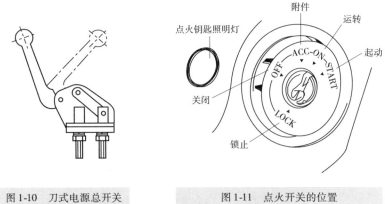

图1-10 刀式电源总开关　　　图1-11 点火开关的位置

①锁止(LOCK)。钥匙在此位置才能拔出,也在此位置锁住转向盘,以防汽车无钥匙被移动或被开走。

②关闭(OFF)。在此位置全车电路断路,但转向盘可以转动,以便不起动发动机移动汽车使用。

③附件(ACC)。在此位置汽车附属电器的电路接通,如点烟器、收音机等,但点火系统断路。不起动发动机听收音机时应将点火钥匙置于此位置。

④运转(ON)。在此位置时点火系统及汽车各用电器均接通,一般汽车行驶时点火钥匙均应置于此位置。

⑤起动(START)。由运转(ON)位置顺时针方向旋转钥匙即为起动位置,手放松时,钥匙又可自动回到运转(ON)位置。在起动位置,点火系统及起动系统均接通以起动发动机。

电路中点火开关常用结构图法、表格法和图形法来表示,如图1-12所示。

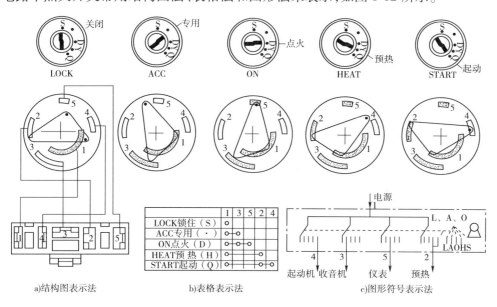

图1-12 点火开关表示方法

(3)组合开关。为了保证行车安全,操作方便,在汽车电气系统整体结构设计中,多将转向开关,危险报警开关,示廓灯与前照灯开关、变光开关、刮水器开关、洗涤器开关、喇叭开关等组装在一起,又称为组合开关,如图1-13所示。

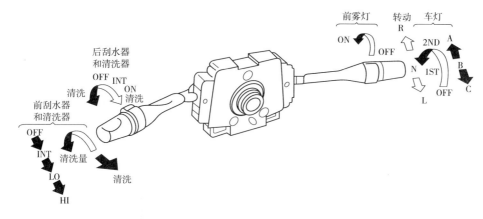

图1-13 组合开关

5 继电器

继电器是间接开关,有功能型和电路控制型两类。如闪光继电器、刮水器间歇继电器属功能继电器。电路控制继电器在汽车上常见的有卸荷继电器、前照灯继电器、雾灯继电器、起动继电器、喇叭继电器、鼓风机继电器、空调继电器等,其作用是用小电流控制大电流,以减小控制开关触点的电流负荷,保护开关触点不被烧蚀。继电器的外形和原理如图1-14所示。

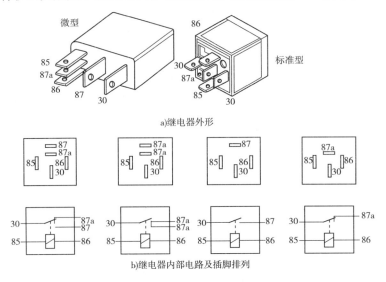

图1-14 继电器内部电路及插脚布置

继电器大部分都采用电磁继电器,它由电磁铁和触点组成。继电器种类有很多。按触点状态分为常开型、常闭型和开闭混合型。

(1)常开继电器。触点在继电器不工作时是断开的,继电器线圈通电时触点才接通。

(2)常开继电器。触点在继电器不工作时是闭合的,继电器线圈通电后触点才打开。

(3)混合型继电器。在继电器不工作时,常闭触点接通,常开触点断开;当继电器线圈通电时,则变为相反状态。

各种继电器的工作状态如表1-7所示。

继电器工作状态　　　　　　　　表1-7

类型	常开(N.O)继电器	常闭(N.C)继电器	混合型继电器
正常(通常)状态	不通（圆圈）；不通	黑、通（触点）	不通→通；不通→通
线圈通电时的情况	12V 通；12V 通	12V 不通	12V 通；不通→通

6 电路保护装置

汽车电路保护装置用于线路或电气设备发生短路或过载时自动切断电路,保证电气设备及线路的安全。汽车上常用的电路保护装置有熔断器、易熔线及断路器。

(1)熔断器。熔断器又称熔断丝(俗称保险丝),常用于保护局部电路,其额定电流较小。熔断器的主要元件是熔断丝(片),其材料是锌、锡、铅等金属的合金。熔断器属于一次性保护装置,只要流经电路的电流过大,熔断器就会熔断以形成断路,从而避免用电器因电流过大而发生损坏,每次过载熔断器都需要更换。

现代汽车常设有多个熔断器,常见熔断器有熔管式、插片式等,其外形和电路符号如图1-15所示。

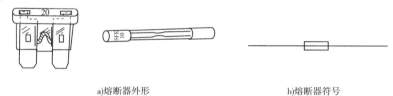

a)熔断器外形　　　　　　　b)熔断器符号

图1-15　熔断器外形和电路符号

(2)易熔线。易熔线是为在电流过时熔化和断开电路而设计的导线,是一种大容量的熔断器。其截面积小于被保护导线的截面积,可长时间通过额定电流。易熔线常用于保护电源电路和大电流电路,当电流超过易熔线额定电流数倍时,易熔线首先熔断,以确保线路或电气设备免遭损坏。易熔线的多股绞合线外面包有聚乙烯护套,比普通导线更柔软,一般长度为50～200mm,通过连接件接入电路,其电路符号和外形如图1-16所示。

(3)断路器。断路器是当电流负荷超过用电设备额定容量时将电路断开的一种可重复使用的电路保护装置。电路断路器是机械装置,它利用两种不同金属(双金属)的热效应断开电路,如果电路中存在短路或其他类型的过载条件,强大的电流将使断路器端子之间的线路断路,如图1-17所示。

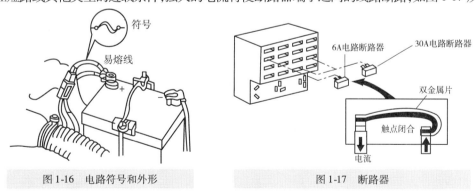

图1-16　电路符号和外形　　　　　　图1-17　断路器

7 中央接线盒

为便于诊断故障、规范布线,现代汽车常将熔断器、电路保护装置、继电器等电路易损件集中布置在一块或几块配电板上、配电板的正面安装继电器和熔断器,配电板的背面用来连接导线,这种配电板就是中央接线盒(或称中央线路板)。

图1-18和图1-19为桑塔纳2000GSi轿车中央线路板的正面和背面示意图。大部分继

电器和熔断器都安装在中央线路板正面；主线束从中央线路板背面插接后通往各用电器，在中央线路板上标有线束和导线插接位置的代号及节点的数字号，主要线束的插接代号有A、B、C、D、E、G、H、K、L、M、N、P、R。

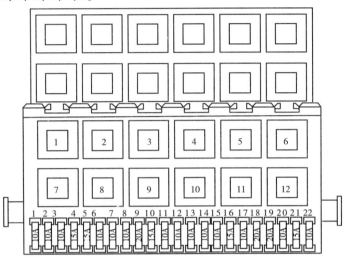

图1-18 桑塔纳2000GSi轿车中央线路板正面布置

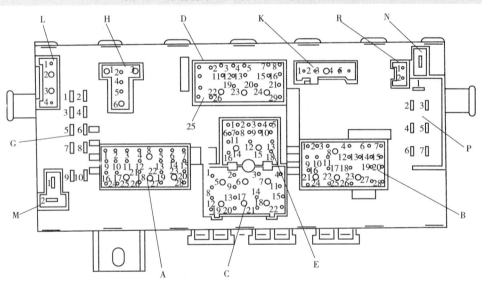

图1-19 桑塔纳2000GSi轿车中央线路板背面布置

A-用于连接仪表板线束，插件颜色为蓝色；B-用于连接仪表板线束，插件颜色为红色；C-用于连接发动机室左边线束，插件颜色为黄色；D-用于连接发动机室右边线束，插件颜色为白色；E-用于连接车辆后部线束，插件颜色为黑色；G-用于连接单个插头；H-用于连接空调装置的线束，插件颜色为棕色；K-用于连接双音喇叭继电器线束，插件颜色为灰色；M-空位；N-单个插头；P-单个插头；R-空位

8 电器元件的表示方法

汽车电器元件的结构比较复杂，如果直接在电路图上画出电器元件，电路图将会变得异

常复杂,也并不容易看懂。因此,在绘制电路图时都采用相应的符号来表示各种电器元件。目前,世界各大汽车生产厂商还没有统一电路图的符号,但从目前的汽车电路图来看,虽然符号不尽相同,但差别不大,并且电路图都有相应的说明来解释所采用的符号。所以,本书中仅以丰田车系的电路图符号为例,说明电器元件的表示方法。

表 1-8 为丰田车系所使用的各种电器元件的符号。

各种电器元件符号　　　　　　　　　表 1-8

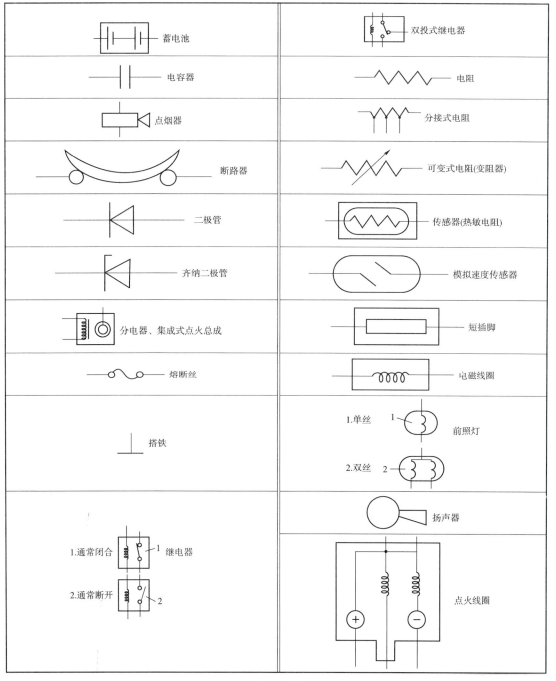

续上表

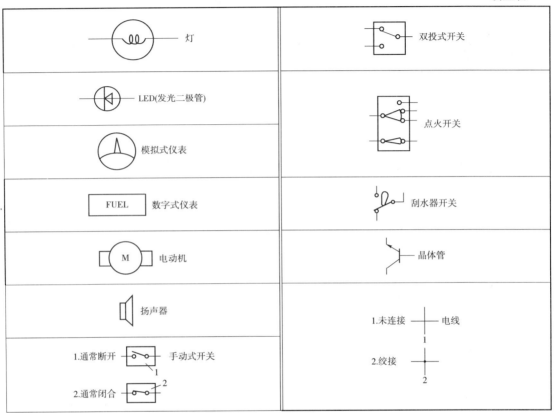

四 汽车电路图的种类

汽车电路图是利用各种符号和线条构成的图形,电路图清楚地表示了电路中各组成元件、电源、熔断器、继电器、开关、继电器盒、接线盒、连接器、电线和搭铁等,有些电路图还表示了电器零件的安装位置、连接器的形式及接线情况、电线的颜色、接线盒和继电器盒中继电器及熔断器的位置、线束在汽车上的布置等。

汽车电路图是修理汽车电气设备时重要的辅助工具,特别是随着现代汽车工业的不断发展,汽车上有关电子电器的内容越来越多,电路越来越复杂,所以,对于汽车维修人员来说,有很多故障必须通过仔细阅读电路图,并根据其相应的功能才能对故障进行分析,准确查出故障的部位。

汽车电路图可分为电路原理图、电路定位图、线路布置图等类型。

1 电路原理图

电路原理图(简称汽车电路图)是用图形符号按工作顺序或功能布局绘制的,详细表示汽车电路的全部组成和连接关系,不考虑实际位置的简图,如图1-20所示。

电路原理图重点表达各电气系统电路的工作原理,既可以是全车电路图,也可以是各系统电路原理图,尽管各汽车制造公司的表达方式不一,但一般都具有以下特点:

(1)对全车电路有完整的概念。它既是一幅完整的全车电路图,又是一幅互相联系的局部电路图,重点、难点突出,繁简适当。

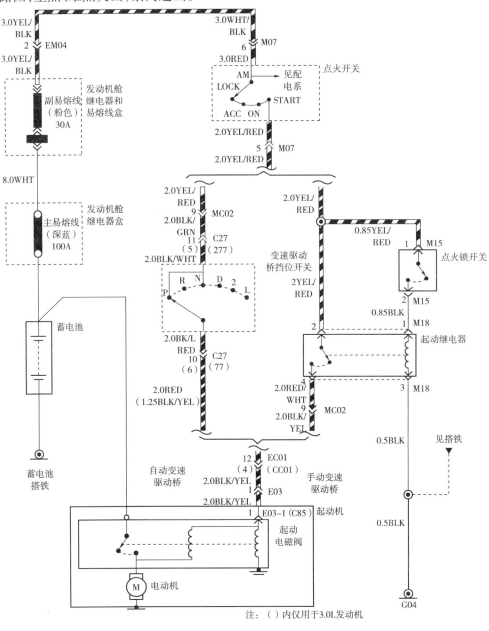

图1-20 电路原理图

(2)用电气图形符号表达各电器元件。一般通过这些符号可了解该电器元件的基本结构和作用。

(3)图上建立起电位高低的概念。负极搭铁,电位最低,用图中最下面一条导线表示;正极火线,电位最高,用最上面的一条导线表示。电流方向基本上是从上到下,电流流向从电源正极→开关→用电器→搭铁→电源负极,电路较少迂回曲折,电路图中电气元件串、并联关系十分清楚,电路图易识读。

(4)各电器元件不再按在车上的安装位置布局,而是依据工作原理,在图中合理布局,使各系统处于相对独立的位置,从而易于对各用电设备进行单独的电路分析。

(5)各电器元件旁边通常注有元件名称及代码(如控制器件、继电器、过载保护器、用电器、铰接点及搭铁点等)。

(6)电路原理图中所有开关及用电器均处于不工作的状态,例如点火开关是断开的、发动机不工作、车灯关闭等。

(7)导线一般标注颜色和规格代码,有的车型还标注该导线所属电气系统的代码,根据以上标注,易于对照定位图找到该元件或导线在车上的位置。

2 电路定位图

电路定位图用于指示各电器及导线的具体位置。一般采用绘制的立体图或实物照片的形式,立体感强,能直观、清晰地反映电器元件在车上的实际位置,具有很高的实用价值。电路定位图在某些车型中还进一步划分为线束图、电气定位图、连接器插脚图、接线盒平面布置图等。

(1)线束图:用于确定电线束与各用电器的连接部位、接线柱的标记、连接器的形状及位置等,如图1-21所示。

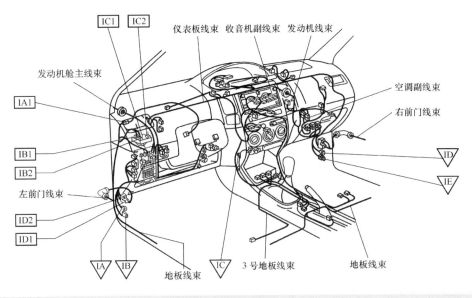

图1-21 线束图

(2)电气定位图:用于确定各电器元件、连接器、接线盒、搭铁点、铰接点及诊断座等的分布位置,如图1-22所示。

(3)连接器插脚图:用于确定连接器内各导线连接位置及插脚号码,如图1-23所示。

(4)接线盒平面布置图:用于确定熔断器、继电器等具体安装方位,如图1-24所示。

目前,大多数汽车制造公司均采用电路原理图结合定位图的表达方式。为便于使用这两类图,在多数车型的电路图还附有表格,指出电路原理图上的元器件、导线等在哪一张定位图上。

汽车电气设备构造与维修理实一体化教材

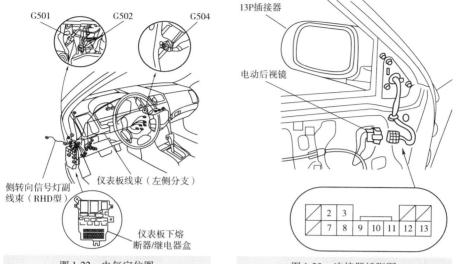

图1-22 电气定位图

图1-23 连接器插脚图

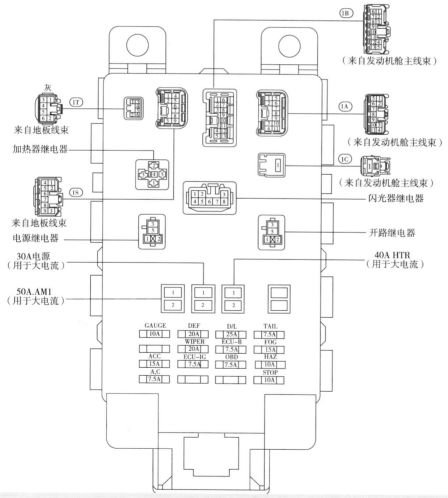

图1-24 接线盒平面布置图

项目一 汽车电路图的识读

3 线路布置图

　　汽车电路原理图虽然可以比较详细地了解电器元件间的相互控制关系和工作原理,但它们都不能表达汽车电气设备和控制线路在车上的实际分布情况,为了便于安装汽车电器和布置线路,经常需要绘制线路布置图。

　　线路布置图是根据电气设备在汽车上的实际安装部位绘制的全车电路图或局部电路图,如图1-25所示。该类图表达了各电器在车上的大致布局,各电器以实物轮廓图表示。导线分布大体与车上的实际位置、走向相同。电气线路图完整地表达了整车的电器及线路连接关系,但不能清晰、方便地反映各电气系统的工作原理,且识读所需的时间较长。随着汽车电路的日趋复杂,这类电路图越来越不实用。

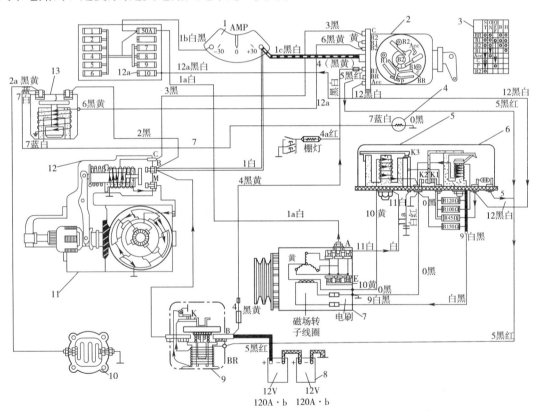

图1-25　线路布置图

五 电路识读的一般方法

　　汽车电路图,无论是定位图还是原理图,一般都是线条密集、纵横交错、头绪多而复杂,不容易看懂。在认识了汽车电路图中的符号及有关标志,知道了汽车电路图的种类,清楚了汽车电路图中的导线及接线柱标记的基础上,可以按照以下要点及注意事项对整车电路图进行阅读。

1 对整车电路图识读要点

（1）先看全图，善于化整为零。要按照整车电路系统的各系统功能及工作原理把整车电气系统划分成若干个独立的电路系统，分别进行分析。这样化整体为部分，可以有重点地进行分析，并且各个单元的电路又有其自身的一些特点，以其自身的特点为指导去分析电路就会减少一些盲目性。只要掌握了单个系统的工作原理，就能按照系统的工作过程，查找线路走向，这样，在分析时不会被多余的电路所影响。

（2）认真阅读图注。对照图注熟悉元器件的名称、装置等，通过阅读可以帮助读者尽快了解该汽车上安装了哪些电器装置，再通过电器装置间的线路走向，就可以掌握各电器元件的相互关系。

（3）熟悉线路的配线和颜色标记。由于电路中线路的走向是按照一定规律进行布置的，因此，在电路图中也会将电路走向按照不同的配线装置进一步划分，在分析时，一定要先阅读各系统的配线说明。另外，对于配线颜色也要有所了解，特别是要记住各种颜色的字母标记。这样，即便线路的跨距很远也不会影响读者的阅读。

（4）注意开关的作用。开关是控制电路通断的关键。通常按操纵开关的功能及不同工作状态来分析电路的工作原理。如点火系统供电，点火开关应处于点火挡或起动挡。在标准画法的电路图中，开关总是处于零位，即开关处于断开状态；电子开关的状态则视具体情形而定。电子开关主要包括晶体管及晶闸管等具有开关特性的电子元件。

在一些复杂的电路控制中，一个主开关往往汇集许多导线，分析汽车电路时应注意以下几个问题：

①蓄电池（或发电机）的电流是通过什么路径到达这个开关的，中间是否经过其他的开关和熔断器，这个开关是手动还是电控的。

②这个开关控制哪些用电器，每个被控电器的作用是什么。

③开关的许多接线柱中，哪些是直通电源的，哪些是接用电器的，接线柱旁是否有接线符号，这些符号是否常见。

④开关共有几个挡位，在每一挡中，哪些接线柱有电，哪些没有电。

⑤在被控的用电器中，哪些电器应经常接通，哪些应短暂接通，哪些应先接通，哪些应后接通，哪些应当单独工作，哪些应当同时工作，哪些电器不允许同时接接通。

（5）熟记回路原则和搭铁极性。汽车上的电路一般由电源、熔断器、开关、用电器和导线等组成，它的电流流向必定是从电源正极出发，经熔断器、开关、导线等到达用电器，再通过导线搭铁回到电源负极，从而构成完整的回路。在这一过程中，只要有一个环节出现错误，电路就不会构成完整的回路。

例如：

①从电源正极出发，经某用电器（或再经其他用电器），最后又回到同一电源的正极，由于电源的电位差（电压）仅存在于电源的正负极之间，电源的同一电极是等电位的，没有电压。这种"从正到正"的途径是不会产生电流的。

②在汽车电路中，发电机和蓄电池都是电源，在寻找回路时，不能混为一谈，不能从一个电源的正极出发，经过若干用电设备后，回到另一个电源的负极，这种做法，不会构成一个真

正的通路，也不会产生电流。所以必须强调，回路是指从一个电源的正极出发，经过用电器，回到同一电源的负极。

（6）了解继电器的工作状态。现代汽车电路中经常采用各种继电器对一些复杂电路进行控制。可以把含有线圈和触点的继电器，分成由线圈工作的控制电路和触点工作的主电路两部分。主电路中的触点只有在线圈电路有工作电流时才能动作。电路图中所画为继电器线圈处于无工作电流状态。了解继电器的工作状态，特别是一些电子继电器的工作状态，对分析电路会大有帮助。

（7）通过分析典型电路，达到触类旁通。许多车型的电路都是相同或相近的，因此，分析几个典型电路，掌握其共同特点和原则，就能了解许多其他车型的电路。

（8）熟记各局部电路之间的内在联系和相互关。汽车全车电路是由各单元电路组成的，从整车电路来讲，各局部电路除电源和搭铁电路共用外，其他单元电路都是相对独立的，但它们之间也存在着内在联系（如信号共享）。因此，识图时，不但要熟悉各局部电路的组成、特点、工作过程和电流流经的路径，还要了解各局部电路之间的联系和相互影响。

（9）先易后难。有些汽车电路图的某些局部电路可能比较复杂，一时难以看懂，可以先将其他简单局部电路图看懂后，再结合看懂的图中的相关信息，再来进一步识读较难的电路图。

（10）注意搜集资料和经验积累。随着新的汽车电气设备在汽车上的不断应用，汽车电路图的变化很大。对于看不懂的电路要善于查找收集相关资料；注意深入研究典型汽车电路，触类旁通；特别注意实际工作经验的积累。

以上读图要领对任何电路都适用，此外汽车电子控制系统越来越多，其读图方法除以上所述要领外，对汽车电子控制系统的读图要以电控系统的 ECU 为中心，找出 ECU 的电源和搭铁，找到传感器和执行器，找出 ECU 的接脚排列的规律。

2 电路图的识读注意事项

识读汽车电气线路图时应注意以下几点：

（1）读电源系统电路时应从电源开始，先找到蓄电池、发电机及电压调节器。发电机励磁电路是受点火开关控制的。

（2）查找起动电路必须先找到点火开关、起动继电器和电源开关的控制电路。

（3）查找点火电路时，先找点火控制器（或分电器）、点火线圈、点火开关及火花塞。

（4）查找照明电路时，先找车灯控制开关、变光器、前照灯、示廓灯及各种照明灯。照明电路的一般接线规律是：前照灯的远光与近光不能同时亮；仪表照明灯、尾灯、牌照灯等只有在夜间工作时才亮。

（5）查找仪表电路时，先找到组合仪表、点火开关、仪表传感器与仪表电源稳压器。仪表电路都由点火开关控制。

（6）查找信号控制电路时，由于信号装置属于随时使用的短暂工作设备，一般应注意它是接在常火导线上，且仅受一个开关控制，以免影响信号的发出。

（7）查找辅助装置控制电路时，应首先熟悉辅助装置的图形符号、有关控制开关及其功能，而后按照从电源熔断器控制开关到用电设备的顺序进行。

六 典型车型电路图识读方法

由于不同车型电路图的识读差异可能会较大,其识读方法也不尽相同,下面就以几种常见的典型车系的电路图来介绍其识读方法,以达到触类旁通的目的。

1 大众车系电路分析

1 大众车系电路图特点

(1)大众车系电路图遵循德国工业标准 DIN 725527,特点是图上部的灰色区域表示汽车的中央接线盒的熔断丝与继电器。灰色区域内部水平线是连接电源正极的导线,有 30 线、15 线、X 线等。其中 30 线直接接蓄电池正极,称为常火线。15 线接点火开关,当点火开关处于"ON"及"START"挡时电源接通,给小功率用电器供电,X 线是受点火开关控制的大功率用电器供电火线,当点火开关接至"ON"或"START"挡时,中间继电器闭合,通过触点给大功率用电器供电。31 线为中央接线盒搭铁线。图最下端是标注图中各线路位置的编号,各线路平行排列,每条线路对准下框线上的一个编号。线路在图中中断,断口处标注与之连接的另一段线路所在的编号。同时也在图上注出各搭铁点。所有电器件均处于图中间的位置。

(2)采用断线带号法解决交叉问题。在线路的断开处标上要连接的线路号,例如在断线处标黄底方框内有 8,其线路图下方端标号为 3,只要在线路图下端找到标号为 8,则其上部断线处必标有 3,说明在两标号即 8 与 3 为断线连接处。通过以上两个数字,上、下段电路就连在一起了。

大众汽车电路图符号说明,如图 1-26 所示。

2 大众车系电路图的识读方法

大众汽车电路图的识读方法如图 1-27 所示,图中的数字标号是注释号,其各部含义如下:

电路原理图说明如下:

1-三角箭头,表示接下一页电路图。

2-熔断器代号,图中 S5 表示该熔断器位于熔断器座第 5 号位,10A。

3-中央线路板板上插头连接代号,表示多针或单针插头连接和导线的位置,例如 D13 表示多针插头连接,D 位置 13 针脚。

4-接线端子代号,表示电器元件上接线端子数/多针插头连接针脚号码。

5-元件代号,在电路图下方可以查到元件的名称。

6-元件的符号,可参见电路图符号说明。

7-内部接线(细实线),该接线并不是作为导线设置的,而是表示元件或导线束内部的电路。

8-指示内部接线的去向,字母表示内部接线在下一页电路图中与标有相同字母的内部接线相连。

21

项目一 汽车电路图的识读

9-搭铁点的代号,在电路图下方可查到该代号搭铁点在汽车上的位置。

10-电路接续号,用此标志对电路图中的线路进行定位。

11-线束内连接线的代号,在电路图下方可查到该不可拆式连接位于哪个导线线束内。

12-插头连接,例如T8a/6表示8针a插头针脚6。

13-附加熔断器符号,例如S123表示在中央电气附加继电器板上第23号位熔断器,10A。

14-导线的颜色和截面积。

15-三角箭头,指示元件接续上一页电路图。

16-指示导线的去向,框内的数字指示导线连接到哪个接点编号。

17-继电器位置编号,表示继电器板上的继电器位置编号。

18-继电器板上的继电器或控制器接线代号。该代号表示继电器多针插头的各个触点,例如,2/30表示:2为继电器板上2号位插口的针脚2;30为继电器/控制器上的针脚30。

19-线路代码。"30"为常火线;"15"为点火开关接通时的小容量火线;"X"为在点火开关接通、卸荷继电器触点闭合时的大容量火线;"31"为搭铁线;"C"为中央配电盒的内部接线。

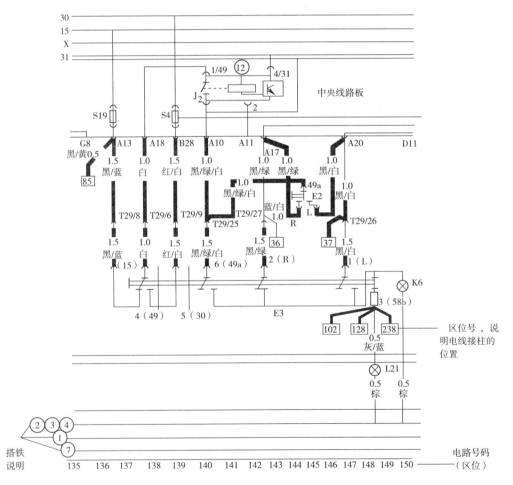

图1-26 大众车系电路图

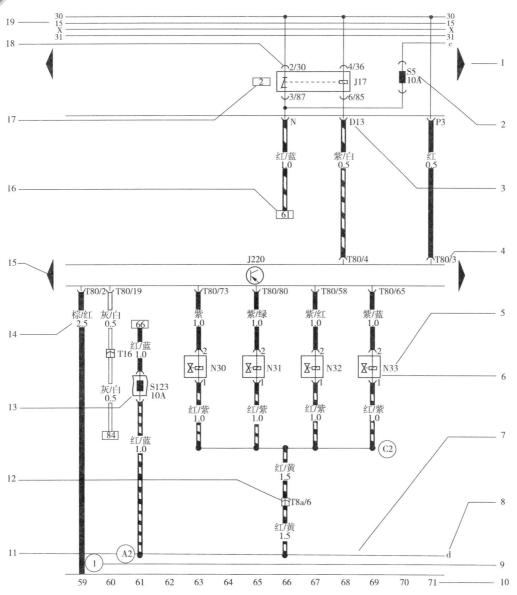

图1-27 大众汽车电路图的标示方法

3 大众车系电路分析实例

下面以上海桑塔纳2000轿车起动电路(图1-28)为例,分析起动系统的工作原理及线路连接,其他系统工作情况,读者可根据情况自行分析。

起动机同点火开关的起动挡直接控制,起动系统电路一般分为起动机主电路和控制电路两部分。

点火开关置于起动挡时,其端子30和端子50接通。起动机控制电路和主电路如下:

(1)控制电路:蓄电池正极→中央接线板单端子插座P端子(红/10)→中央接线板内部

项目一 汽车电路图的识读

线路→中央接线板单端子插座 P 端子(红/6.0)→点火开关 30 端子→点火开关 50 端子→中央接线板 B8 端子→中央接线板内部线路→中央接线板 C18 端子→起动机 50 端子→进入电磁开关后分为保持线圈和吸引线圈两路。

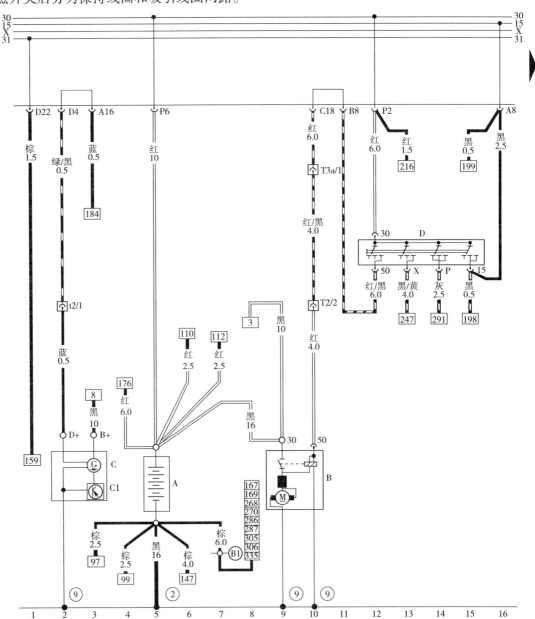

图 1-28　上海桑塔纳 2000 轿车起动系统电路图

A-蓄电池；B-起动机；C-交流发电机；C1-调压器；D-点火开关；T2-发动机线束与发电机线束插头连接；T3a-发动机线束与前照灯线束插头连接；②-搭铁点；⑨-自身搭铁；B1-搭铁连接线

① 保持线圈电路：电磁开关→保持线圈→搭铁→电路代号 10→蓄电池负极。

② 吸引线圈电路：电磁开关→吸引线圈→起动机内部→搭铁→电路代号 9→蓄电池

负极。

电磁开关产生吸力接通起动机主电路。

(2)主电路:蓄电池 A 正极→起动机 30 接线柱→起动机内部励磁绕组和电枢绕组→搭铁→电路代号 9→蓄电池负极。

2 丰田车系电路图识读

日本丰田汽车与大众汽车一样,是我国进口汽车中数量较多的车种。本田系列车型的中文维修资料都源自丰田公司的原厂资料,其电路与电子控制系统电路图通常都保留了丰田原厂资料汽车电路图的绘图风格。

1 丰田车系电路图的主要特点

(1)电路图中的电气元件通常用文字直接标注。

(2)电路总图中各系统电路按长度方向逐个布置,并在电路图上方标出各系统电路的区域和代表该电路系统的符号及文字说明。

(3)电路图中绘出了搭铁点,并标注代号与文字说明,可以从电路图了解线路搭铁点,直观明了。

(4)电路图中,有的还直接标出线路插接器的端子排列和各端子的使用情况,给识图和电路故障查询提供方便。

2 丰田汽车电路图的识读

识读方法如图 1-29 所示,电路图中大圆圈内数字是注释符号,其各部分的含义如下:

1-系统标题。在电路图上方用刻线划分区域内,用文字和系统符号表示下方电路系统的名称。

2-表示配线颜色。

3-表示与电路元件连接的插接器(数字表示接线端子的编号)。

4-表示插接器的接线端子编号,其中插座和插头编号的方法不同。在插座编号中,顺序为从左至右,从上至下;插头则从右至左,从上至下。

5-表示继电器盒。图中只标明继电器盒的号码,不印上阴影,以有别于接线盒。图示继电器盒号码为 1,表示 EFI 主继电器在 1 号位置。

6-表示接线盒。圈内数字表示接线盒(J/B)号码,圈旁数字表示该插接器插座位置代码。接线盒上一般印有阴影,使其与其他元件区分。不同的接线盒,用不同的阴影标出,以便区分。例如图中的 3B 表示它在 3 号接线盒内;数字 6 和 15 表示两条配线分别在插接器 6 号和 15 号接线端子上。

7-表示相关联的系统。

8-表示配线与配线之间的插接器,带插头的配线用符号"⌒"表示,外侧数字 6 表示接线端子的号码。

9-当车辆型号、发动机型号或规格不同时,用括号"(　　)"中内容来表示不同的配线和插接器等。

10-表示屏蔽的配线。

项目一 汽车电路图的识读

11-表示搭铁点位置。搭铁点在电路图中用"▽"符号表示。

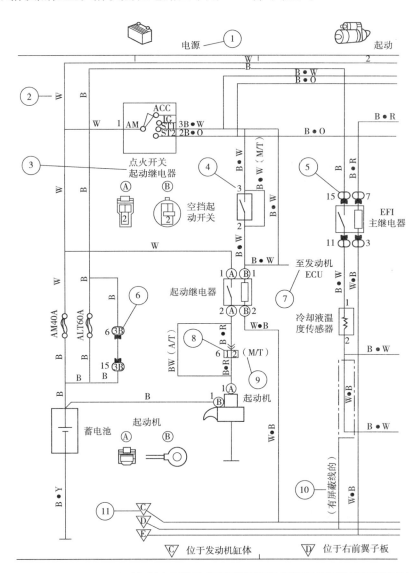

图1-29 丰田汽车电路图的标示方法

3 丰田车系电路分析实例

下面以雷克萨斯 LEXUS LS400 UCF10 系列轿车刮水器和洗涤器电路(图1-30)为例,介绍丰田车系电路的分析方法。

以刮水器低速挡工作情况为例来介绍电路图的分析方法。

将点火开关置于点火挡,刮水器开关处于低速挡位置,刮水器低速工作电流通路为:蓄电池正极→120A 熔断器→40A 熔断器→配线插接器 EA3 的 A10 端子(白/蓝线)→点火开关 I17 的 AM1 端子→点火开关 I17 的 IG1 端子→1号 J/B(接线盒)1C 插头的3号端子→20A 熔断器→1号 J/B(接线盒)1G 插头的4号端子→刮水器和洗涤器组合开关 C15 的 B 端子→刮水器和洗涤器组合开关C15的7号端子→刮水电动机W5的3号端子(蓝/黑线)→刮水电动机W5的1号端子(白/黑线)→仪表板左内侧E搭铁点搭铁→蓄电池负极。

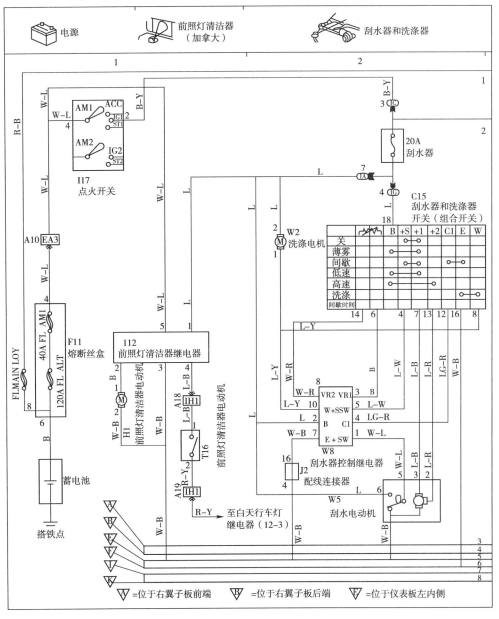

图1-30　LS400刮水器和洗涤器电路

3 通用车系电路分析

1 电路图的特点

(1)电路图中标有特殊的提示符号。这些符号包括静电敏感符号(用于提醒检修人员,系统内含有对静电放电敏感的部件)、安全气囊符号(用于提醒检修人员,该系统为安全气囊

项目一 汽车电路图的识读

系统或与安全气囊系统相关)、故障诊断符号(用于提醒读者该电路在车载诊断系统(OBD-Ⅱ)检测范围内,当该电路出现故障时,故障指示灯就会点亮)、注意事项符号(用于提醒检修人员还有其他附加系统维修的信息),以提醒检修人员在维修时应注意。

(2)电路图中标有电源接通说明。系统电路图中的电源通常是从该电路的熔断器起,在电路图的上方,用黑框表示,并用黑框中的文字说明在什么情况下该电路接通电源。

(3)电路图中标有电路编号。通用车系的电路图中,各导线除了标明颜色和截面积外,通常还标有该电路的编码,通过电路编码可以知道该电路在汽车上的位置,以便读图和故障查寻。

❷ 通用汽车电路图的识读方法

下面以上海别克轿车自动变速器控制电路为例,说明通用汽车电路图的识读方法,如图1-31所示。

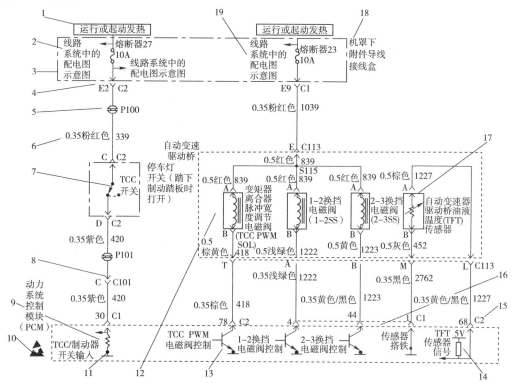

图1-31 别克轿车自动变速器控制电路

电路图的数字是注释号,其含义如下:

1-"运行或起动发热"表示线路在点火开关处于点火或起动挡时有电,电压为蓄电池工作电压。

2-表示27号10A的熔断器。

3-虚线框表示没有完全表示出接线盒所有部分。

4-表示导线是由发动机机罩下导线接线盒的C2连接插头的E2插脚引出,连接插头编号C2写在右侧,插脚编号E2写在左侧。

5-符号和P100表示贯穿式密封圈,其中P表示密封圈,100为其代号。

6-"0.35粉红色"表示导线截面积为0.35mm²,导线的颜色为粉红色,数字"339"是车辆位置分区代码,表示该线束位置在乘员舱。

7-表示TCC(液力变矩器中的锁止离合器控制)开关,图中处于接通状态表示为常闭开关,其开关信号经过P101和C101,由动力总成控制模块(PCM)中的C1插头30号插脚进入PCM中。

8-表示直列线束插接器,右侧"C101"表示连接插头编号(其中C表示连接插头),左侧"C"表示直列线束插接器的C插脚。

9-表示输出电阻器,这里用于把制动灯开关的信号以一定的电压信号的形式输出给动力总成控制模块PCM的内部控制电路。

10-表示动力总成控制模块PCM是对静电敏感的部件。

11-表示搭铁。

12-表示在自动变速器内部的"TCC"锁止电磁阀,此电磁阀控制液力变矩器内部锁止离合器的结合。它在点火开关处于点火或起动挡时,通过23号10A的熔断器供电。

13-表示带晶体管半导体元件控制的集成电路。这里为动力总成控制单元PCM内部集成的控制电路,控制电磁阀驱动电路,通过PCM搭铁。

14-表示输出电阻器。PCM提供5V稳压,通过内部串接电阻与自动变速器油温传感器(TFT)连接,同时将自动变速器油温传感器(NTC型电阻)信号传给PCM。

15-表示动力总成控制模块PCM的C2连接插头的68插脚。

16-虚线表示4、44、1插脚均属于C1连接插头。

17-表示自动变速器内部的自动变速器油温传感器,它是一个随温度增加阻值减小的NTC型电阻。

18-表示部件的名称及所处的位置。该机罩下附件导线接线盒位于发动机的左侧(从车的前面看)。

19-表示导线通往机罩下附件导线接线盒其他电路,对目前所显示的电气系统没有作用,是一种省略的画法。

❸ 通用车系电路分析实例

下面以上海通用别克轿车冷却风扇控制电路为例,介绍通用车系电路图的分析方法。上海别克轿车电路图已经过转化,这样阅读起来比较方便。

上海通用别克轿车冷却风扇控制电路如图1-32所示。

冷却风扇由两个熔断丝(6号40A和21号15A)分别向发动机冷却风扇供电。

(1)冷却风扇低速工作时电路 PCM通过低速风扇控制电路为继电器12的控制电路提供搭铁路径。继电器12的控制电路的电流通路为:与电源直接连接(所有时间通电)→熔断丝6→继电器12→PCM的低速风扇控制电路搭铁。于是,继电器12的线圈中有电流通过,控制动合触点闭合,向冷却风扇电动机供电。此时由于左侧的冷却风扇电动机与右侧的冷却风扇电动机串联,所以风扇低速运转。电流通路为:与电源直接连接(所有时间通电)→熔断丝6→继电器12→左侧的冷却风扇电动机→继电器9的动断触点→右侧的冷却风扇电动机→导线系统搭铁分配器搭铁。

（2）冷却风扇高速工作时电路。PCM 首先经低速风扇控制电路对继电器 12 提供搭铁路径。经 3s 延时后，PCM 经高速风扇控制电路为继电器 9 和继电器 10 提供搭铁路径。左侧风扇电动机继续由熔断丝 6 提供电流。但熔断丝 21（15A）为右侧风扇电动机提供电流。各风扇接收不同的搭铁路径。因此，风扇高速运行。左侧风扇电动机电流通路为：与电源直接连接（所有时间通电）→熔断丝 6→继电器 12→左侧的冷却风扇电动机→继电器 9 的动合触点→导线系统搭铁分配器搭铁。右侧风扇电动机电流通路为：与电源直接连接（所有时间通电）→熔断丝 21→继电器 10 的动合触点→右侧的冷却风扇电动机→导线系统搭铁分配器搭铁。

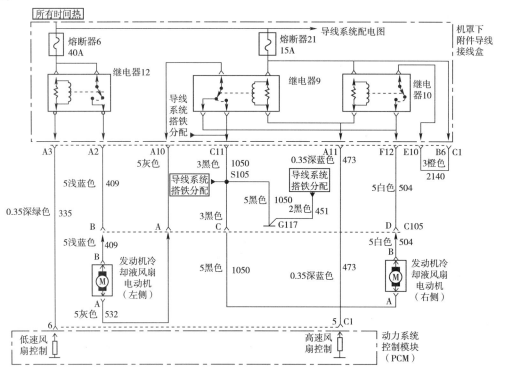

图 1-32　上海通用别克轿车冷却风扇控制电路

项目二 蓄电池的构造与维修

任务一 蓄电池的认识

一、蓄电池的作用和类型

汽车蓄电池(俗称"电瓶")是汽车上的电源装置,它是一种储能装置,可将电能转变成化学能储存起来。在放电过程中,蓄电池中的化学能转变为电能;在充电过程中,电能被转变成化学能。蓄电池是一种低压直流电源,汽车一般使用12V的蓄电池,大型柴油车则常用两个12V蓄电池串联而成24V系统。

1 蓄电池的作用

汽车蓄电池一般有以下作用:
(1)起动发动机时,给起动机系统供电。
(2)当发电机发出的电压低于蓄电池电压时或发电机不工作时,给全车电器供电。
(3)当汽车上电器的用电量超过发电机的输出电量时,帮助发电机向电器供电。
(4)平衡汽车电气系统的电压,保持整车电气系统电压稳定。

2 蓄电池的类型

目前汽车上常用的蓄电池主要采用铅酸蓄电池,铅酸蓄电池又可分为普通铅酸蓄电池、干荷电铅酸蓄电池、免维护蓄电池等;电动汽车用主要采用镉镍蓄电池、氢镍蓄电池、锂蓄电池等。这里主要介绍铅酸蓄电池。

二 铅酸蓄电池的型号

1 国内蓄电池型号

根据原机械工业部颁发的《铅酸蓄电池产品型号编制办法》(JB/T 2599—1993),蓄电池型号由以下几部分组成:

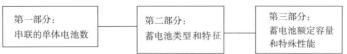

(1)串联的单体电池数,用阿拉伯数字表示。

(2)蓄电池的类型和特征用字母表示。蓄电池类型是根据其主要用途来划分的,如起动用蓄电池代号为"Q","T"表示拖动型蓄电池,"M"表示摩托车用蓄电池;蓄电池特征为附加部分,仅在同类用途产品中具有某种特征而在型号中又必须加以区别时采用。当产品同时具有两种特征时,原则上按表2-1顺序将两个代号并列标示。

蓄电池产品特征代号表　　　　表2-1

序号	1	2	3	4	5	6	7	8	9	10	11	12
产品特征	干荷电	湿荷电	免维护	少维护	防酸式	密封式	半密封式	液密式	气密式	激活式	带液式	胶质电解质
代号	A	H	W	S	F	M	B	Y	Q	I	D	J

(3)蓄电池的额定容量和特殊性能。蓄电池额定容量指20h放电率额定容量,单位为$A \cdot h$,用阿拉伯数字表示;蓄电池特殊性能用字母表示,可在相应产品型号的末尾注明,如G表示薄型极板的高起动率蓄电池,S表示采用工程塑料外壳、电池盖及热封工艺的蓄电池。

例如型号为6-QAW-100的蓄电池:第一部分:"6"表示由6个分电池组成,额定电压12V;第二部分:"QAW"表示蓄电池的类型和特征,起动型干电荷免维护蓄电池;第三部分:"100"表示蓄电池的额定容量和特殊性能,额定容量为100$A \cdot h$。

2 国外蓄电池型号

(1)日本标准蓄电池型号。以型号为55D33L的蓄电池为例,说明如下:

①"55"表示蓄电池的性能参数,表示蓄电池的容量。

②"D"表示蓄电池的宽度和高度代号。蓄电池的宽度和高度组合是由8个字母中的一个表示的(A到H),字符越接近H,表示蓄电池的宽度和高度值越大。

③"33"表示蓄电池的长度约为33cm。

④"L"表示正极端子的位置,正极端子在右端的标R,正极端子在左端的标L。

(2)德国标准蓄电池型号。以型号为54434MF的蓄电池为例,说明如下:

①第一位数字"5":表示蓄电池额定容量在100$A \cdot h$以下;6表示蓄电池容量在100$A \cdot h$与200$A \cdot h$之间;7表示蓄电池额定容量在200$A \cdot h$以上。

②"44"表示蓄电池额定容量为44$A \cdot h$;610 17MF蓄电池额定容量为110 $A \cdot h$;700 27

蓄电池额定容量为 200 A·h。

③ 容量后两位数字"34"表示蓄电池尺寸组号。

④ "MF"表示免维护型。

（3）美国标准蓄电池型号。以型号为 58430（12V430A80min）的蓄电池为例，说明如下：

① "58"表示蓄电池尺寸组号。

② "430"表示冷启动电流为 430A。

③ "80min"表示蓄电池储备容量为 80min。

三、蓄电池的结构

汽车蓄电池在车上安装位置及外观如图 2-1 所示。

a) 蓄电池外观　　　　b) 蓄电池在车上的安装位置

图 2-1　蓄电池在车上的安装位置及外观

1 普通铅酸蓄电池的结构

汽车蓄电池通常由 6 个单格电池组成，每个单格电池电压约为 2V，串联成 12V 蓄电池以供汽车使用。单格蓄电池主要由极板组（包括正极板、负极板和隔板）、联条、极柱、壳体、盖板及内部的电解液等组成，其结构如图 2-2 所示。

（1）极板组。极板组主要由正极板、负极板和隔板组成，其结构如图 2-3 所示。

① 极板。极板是蓄电池的核心部分，由栅架和活性物质组成，可分为正极板和负极板，正极板为咖啡色微粒结晶状的过氧化铅（PbO_2），负极板为海绵状的纯铅（Pb）。栅架是极板的骨架，其主要成分为铅（Pb），加入

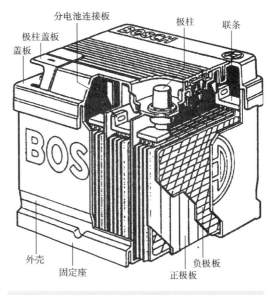

图 2-2　蓄电池的结构

5%~12%的锑(Sb)制成。

②隔板。在正极板与负极板间使用一片多孔材质的绝缘板来分隔,称为隔板。其材质有木材、微孔硬橡胶、合成树脂、玻璃强化纤维板、玻璃纤维板等,目前以使用微孔硬橡胶及玻璃纤维板等较多,如图2-4所示。隔板一面平滑,须面向负极板;另一面有槽沟,面向正极板,使脱落的活性物质能够掉入沉淀室中。

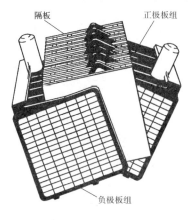

图2-3 极板组结构

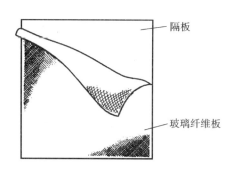

图2-4 隔板

将多块正极板及负极板分别用联条结成一体,正负极板间插入隔板,即形成极板组,每一分电池中放置一组极板组。极板组中负极板比正极板多一片,即正极板的两面都要有负极板,因正极板充放电时的膨胀率大,若仅有一面作用容易弯曲损坏,负极板则不会,故极板组中的极板数均为单数。

(2)联条和极柱。联条和极桩的结构如图2-5所示。

①联条。联条的作用是将分电池串联起来,以提高电池整体的端电压。普通电池联条的串联方式一般是外露式,而新型蓄电池联条的串联方式是封闭式。

②极柱。蓄电池顶部有两个极柱露出,是将各分电池的极板串联后,成为输出或输入的总接头。为了便于识别,极柱的上方或旁边刻有"+"、"-"标记,也有的在正极柱上涂上红色油漆。

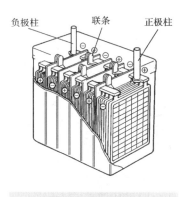

图2-5 联条和极柱

(3)电解液。蓄电池中的电解液俗称电水,是以蒸馏水或精制水与硫酸配合而成的稀硫酸,具有较强腐蚀性,一般密度为$1.260\sim1.280\text{g/cm}^3$。

电解液必须保持高出极板10~12mm。配制电解液必须穿着防护器具,将稀硫酸慢慢倒入水中,且均匀搅拌。绝不可将水倒入硫酸中,否则硫酸会飞溅伤人。

(4)壳体和盖板。壳体和盖板的结构如图2-6所示。

旧式蓄电池每一分电池的中央均有一个加水通气盖,使用螺牙装在盖板上,上有通气孔,构造如图2-7所示,其功用为:

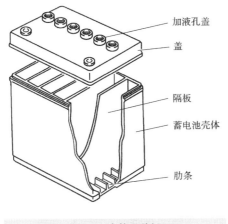

图 2-6　壳体和盖板

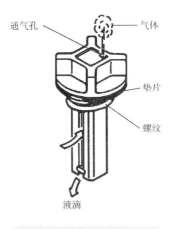

图 2-7　加水通气盖的构造

①供添加蒸馏水或供检验电解液用。
②在充电时,使产生的氢气及氧气能逸出,以防聚积过多气体而发生爆炸。

2　干荷蓄电池

干荷铅蓄电池是在普通铅蓄电池的基础上经技术改进后开发的铅酸蓄电池,其与普通铅蓄电池的区别是极板组在完全呈干燥的状态下,能够长期(一般为 2 年)保存其化学过程中所得到的电量。干荷电铅蓄电池加足电解液后,静放 20～30min 即可使用。

干荷电铅蓄电池主要有以下工艺特点:

(1) 在负极板的海绵状铅中加入松香、油酸、硬脂酸等抗氧化剂。
(2) 在化成过程中,有一次深度放电或反复充放电循环。
(3) 负极板在化成过程中进行水洗和浸渍。
(4) 正负极板和隔板用特殊工艺干燥处理。

因此,干荷电铅蓄电池提高了负极板上的海绵状纯铅的抗氧化性。

3　免维护蓄电池

现代汽车用蓄电池越来越多地采用免维护(Maintenance Free,MF)蓄电池,所谓免维护蓄电池是在蓄电池使用期间不需要添加蒸馏水,当充电指示器显示电解液面高度不足时,蓄电池即应换新,其外形结构如图 2-8 所示。

免维护蓄电池具有以下特点:

(1) 电解液液面的降低极慢。传统蓄电池的栅架是以锑为主要成分,而免维护蓄电池是以钙合金代替锑合金,钙铅合金极板的充电电流比锑合金小,可减少蓄电池内部的发热量,故可降低电解液中水分的减少速度。

图 2-8　免维护蓄电池

(2) 外壳底部的肋条高度降低,增加电解液容量。水分减少的速度慢,加上电解液容量较大,故 MF 蓄电池有足够的电解液,使用很长的时间。当充电指示器显示电解液面过低时,通常更换新的蓄电池。

(3)自放电率降低。MF 蓄电池使用钙铅合金(或低锑)栅架,可使自放电率明显降低。

(4)蓄电池极柱、固定架等的腐蚀情形大为降低:因 MF 蓄电池的排出气体很少,故对蓄电池顶部及附近零件的腐蚀现象大为降低。

(5)MF 蓄电池的钙铅合金栅架,其导电性良好,比传统相同大小的蓄电池冷车起动能力约高 20%。

(6)免维护蓄电池内部设有电解液密度计,在盖板上均设有密度与液面观察窗(俗称电眼),以显示蓄电池的充电情况及电解液面是否过低。如图 2-9 所示,当蓄电池液面及充电正常时,绿色浮球在中央最高点,从视窗中在黑色区可看到绿色圆圈;当蓄电池液面正常,但充电不足时,绿色浮球在球室下方,从视窗中看不到绿色圆圈,整个是黑色,应对蓄电池进行补充充电;当蓄电池液面过低时,视窗中看到的是透明色,表示蓄电池需换新。观察窗只能显示电解液密度是 1.150g/cm^3 或更高,要实际获得正确的读数,必须使用密度计测量。

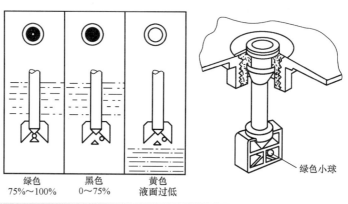

图 2-9 观察窗的作用

四 蓄电池的工作过程

1 蓄电池的工作原理

将两种不同的金属板放入电解液中,因化学作用产生电离子,聚集电子的板会产生较高的负电位,称为负极板;而失去电子的板产生正电位,称为正极板,从而在两块板间会产生电动势。若有导线及负荷连接在两块板之间,则有电流流通,如图 2-10 所示。

2 蓄电池充放电

蓄电池的工作过程就是化学能与电能相互转

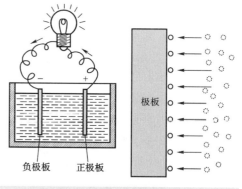

图 2-10 蓄电池的工作原理

化的充放电过程,如图 2-11 所示。

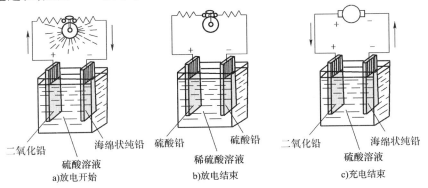

图 2-11 蓄电池的工作过程

蓄电池将化学能转化为电能而向外供电时,称为放电过程,放电的结果是正、负极板都变成相同结构的硫酸铅,而电解液中的硫酸成分减少,水的成分增加,其放电化学反应式如下:

$$\underset{\text{正极板}}{PbO_2} + \underset{\text{电解液}}{2H_2SO_4} + \underset{\text{负极板}}{Pb} \longrightarrow \underset{\text{正极板}}{PbSO_4} + \underset{\text{电解液}}{2H_2O} + \underset{\text{负极板}}{PbSO_4}$$

蓄电池与外界直流电源相连而将电能转化为化学能储存起来时,称为充电过程。充满电后,蓄电池的负极板成为海绵状铅(Pb),正极板成为过氧化铅(PbO_2),电解液为稀硫酸($H_2SO_4 + H_2O$)。其充电化学反应式如下:

$$\underset{\text{正极板}}{PbSO_4} + \underset{\text{电解液}}{2H_2O} + \underset{\text{负极板}}{PbSO_4} \longrightarrow \underset{\text{正极板}}{PbO_2} + \underset{\text{电解液}}{2H_2SO_4} + \underset{\text{负极板}}{Pb}$$

3 蓄电池自放电

充满电的蓄电池放置一段时间后,内部的存电自然消耗的现象,称为自放电。
产生自放电的原因很多,归纳起来有如下几条:
(1)负极板上的活性物质海绵状铅与电解液产生化学作用而慢慢变成硫酸铅。
(2)蓄电池的极板上附着金属杂质,如铁、锰等,金属杂质与极板构成一局部电池而产生自放电现象。
(3)蓄电池表面有电解液附着而造成漏电。
(4)脱落的活性物质堆满沉淀室后形成短路而放电。

五 蓄电池的充电

1 蓄电池充电方法

无论是使用新的蓄电池和修复后的蓄电池,还是装在车上使用的蓄电池以及存放的蓄电池,都必须对其进行充电,这对蓄电池的寿命有很大影响。

蓄电池的常规充电方法有定流充电、定压充电和脉冲快速充电。

(1)定流充电。在充电过程中,充电电流保持不变的充电方法称定流充电(通过调整电压,保证电流不变)。

定流充电采用两阶段充电法,在第一阶段用较大电流充电,当单格电池电压升到 2.4V,电解液开始产生气泡后,将充电电流减小一半进行第二阶段定流充电,直到蓄电池完全充足电为止。

定流充电的优点为:充电电流可任意选择,有益于延长蓄电池寿命,可用于初充电和去硫化充电。可减少活性物质脱落,又能保证蓄电池充满电,完成一次初充电需 60~70h,补充充电需 10~13h。定流充电的缺点是充电时间长,且需要经常调整充电电流。

(2)定压充电。在充电过程中,充电电压保持不变的充电方法称定压充电。汽车上发电机对蓄电池充电采用的就是定压充电。

定压充电的优点为:充电速度快,充电时间短,充电电流会随着电动势的上升而逐渐减小到零,使充电自动停止,不必人工调整和照管。

定压充电的缺点是:充电电流大小不能调整,所以不能保证蓄电池完全充足电,也不能用于初充电和去硫化充电。

在定压充电过程中,充电电压对充电的效果影响很大,如果充电电压合适,蓄电池充足电后,充电电流可自动减小到 0A。如果充电电压低,蓄电池就永远也充不满电,对蓄电池的使用寿命会产生很大的影响。如果充电电压过高,在蓄电池充满电后还会继续充电,此时的充电即为过充电,过充电将会消耗电解液中的水,也会影响蓄电池的使用寿命。

(3)脉冲快速充电。快速充电,又称为分段充电法,该方法的显著特点是充电速度快,可大大缩短充电时间。

一次初充电只需 5h 左右,补充充电只需 1h。采用这种方法充电,还可以使蓄电池容量增加,使极板去硫化明显。但其缺点是在充电过程中产生大量的气泡,对极板活性物质的冲刷力强,易使活性物质脱落,因而对蓄电池的寿命有一定影响。快速充电的基本方法有脉冲快速充电和智能快速充电。

①脉冲快速充电。整个充电过程为:正脉冲充电、停充(25ms)、负脉冲(瞬间)放电或反充、再停充、再正脉冲充电。

②智能快速充电。利用单片机的智能功能,控制充电电流按照最佳充电电流变化而实现快速充电的方法。

2 蓄电池充电种类

(1)初充电。对于新蓄电池或更换极板后的蓄电池,在使用之前的首次充电称初充电。它的目的在于恢复蓄电池在存放期间,极板上部分活性物质缓慢放电和硫化而失去的电量。初充电的特点:充电电流小,充电时间长,必须彻底充足。

初充电的程序如下:

①加注电解液。新电池在出厂时没有装电解液,电解液是由使用者加注的,密度要符合厂家规定,液面高出极板上沿 15mm。加注电解液后,蓄电池应静置 3~6h,待温度低于 35℃ 后才能进行充电。

②将蓄电池接入充电机。用定流充电法,第一阶段充电的电流约为额定容量的 1/15,充

电至电解液中逸出气泡,单格电压达到2.4V时为止。第二阶段充电的电流减半,充电至电解液沸腾,密度和端电压连续3h不变为止。整个初充电时间60h左右。

③充电注意事项。电过程中应经常测量电解液温度,上升到40℃时应将充电电流减半;上升到45℃时应停止充电,待冷却至35℃以下再进行充电。初充电接近完毕时应测量电解液密度,如果不符合规定值,应用蒸馏水或密度为 $1.4g/cm^3$ 的电解液调整,调整后再充电2h。新电池充电完毕后,要以20h放电率放电,再次充电,然后又以20h放电率再次放电。如果第二次放电的蓄电池容量不小于额定容量的90%,就可以使用了。

(2)补充充电。蓄电池在汽车上使用过程中,经常有充电不足的现象,应根据需要进行补充充电。当出现起动无力时(非机械故障)、前照灯灯光暗淡、电解液密度下降到 $1.20g/cm^3$ 以下、冬季放电超过25%或夏季放电超过50%时,应进行补充充电。

补充充电可采用定流充电,也可采用定压充电。采用定流充电与初充电相似,但充电电流可以略大一些,其充电过程如下:

①充电前不需要加注电解液;若液面高度不够,应补加蒸馏水。

②将蓄电池接入充电机。第一阶段充电的电流约为额定容量的1/10,充电至电解液中逸出气泡,单格电压达到2.4V时为止。第二阶段充电的电流减半,直到充足。

(3)间歇过充电。间歇过充电是避免使用中蓄电池极板硫化的一种预防性充电。一般应每隔3个月进行一次。充电方法是先按补充充电方法充足电,停歇1h后,再以减半的充电电流进行过充电,直至充足电为止。

(4)循环锻炼充电。蓄电池在使用中常处于部分放电的状态,参加化学反应的活性物质有限,为迫使相当于额定容量的活性物质都能参加工作,以避免活性物质由于长期不参与化学反应而收缩,每隔一段时间(如3个月)应对蓄电池进行一次循环"锻炼充电"。即按补充充电方法将蓄电池充足电,然后以20h放电率放完,再按补充充电的方法充足。

(5)去硫化充电。蓄电池发生硫化故障后,内阻会显著增大,充电时温升也较快。硫化严重的蓄电池只能报废,硫化程度较轻的可以用去硫化充电法消除硫化。去硫化充电的程序如下:

①倒出电解液,加入蒸馏水冲洗两次后,再加入蒸馏水。

②用初充电的电流或更小的电流进行充电,当密度上升到 $1.15g/cm^3$ 时,倒出电解液,再加蒸馏水继续充电,直至密度不再上升。

③以20h放电率电流放电至单格电压降到1.75V时,再进行上述充电。反复进行以上过程,直至输出容量达到额定容量的80%以上,即可使用。

3 蓄电池充电作业

目前较为常用的充电机如图2-12所示,具体充电作业方法如下:

(1)清理蓄电池极柱及表面,将液面高度调整至规定值。

(2)按图2-13所示将充电机与蓄电池正确连接,一定要正极连正极,负极连负极。

(3)将充电机上的调节旋钮调至最小挡位。

(4)连接充电机电源,打开充电机电源开关,调节旋钮,观察电流表读数,一直调整到所

项目二　蓄电池的构造与维修

规定的充电电流值为止。补充充电的充电电流一般为额定容量的 1/10,初充电一般额定容量的 1/15。

(5)通过充电机上的电流表或用万用表测量蓄电池端电压来判断蓄电池的充电情况,充满电后应及时关闭充电机。

图 2-12　充电机

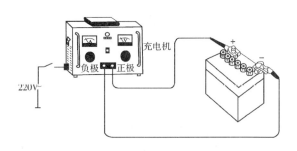

图 2-13　连接充电机和蓄电池

任务二　蓄电池的检查与更换

一　实训准备

1 实训器材

(1)桑塔纳 2000GSi 轿车(图 2-14)。

图 2-14　桑塔纳 2000GSi 轿车

(2)举升机(图 2-15)。
(3)高率放电计(图 2-16)。
(4)其他工具及器材:组合工具、扭力扳手、螺丝刀、钳子、电解液密度计、刷子、转向盘护套、变速杆手柄套、座位套、脚垫、翼子板和前格栅磁力护裙等。

40

图2-15 举升机

图2-16 高率放电计

2 准备工作

(1)汽车进入工位前,将工位清理干净,准备好相关的器材。
(2)将汽车停驻在举升机中央位置(图2-17)。
(3)拉紧驻车制动器操纵杆(图2-18),并将变速杆置于空挡位置。

图2-17 停放汽车

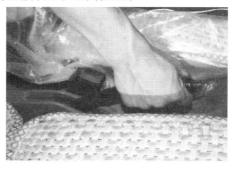

图2-18 拉紧驻车制动器操纵杆

(4)套上转向盘护套(图2-19)、变速杆手柄套和座位套,铺设脚垫。
(5)在车内拉动发动机舱盖手柄。在车外打开并支撑发动机舱盖(图2-20)。

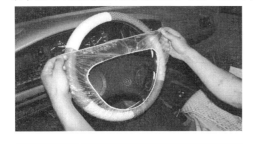

图2-19 套上转向盘护套

图2-20 支撑发动机舱盖

(6)粘贴翼子板和前格栅磁力护裙(图2-21)。

项目二 蓄电池的构造与维修

图 2-21 粘贴翼子板和前格栅磁力护裙

二、蓄电池的检查与更换

1 蓄电池的拆卸

（1）如图 2-22 所示，先拆下蓄电池的搭铁线，再拆正极接线。

（2）如图 2-23 所示，拆下蓄电池压板，从支架中取出蓄电池。

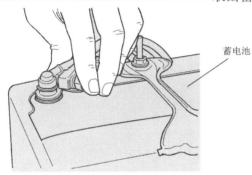

图 2-22 蓄电池的拆卸（1）

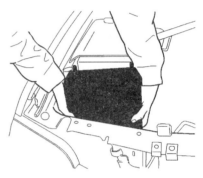

图 2-23 蓄电池的拆卸（2）

2 蓄电池的安装

（1）将固定压板压在蓄电池底部凸缘上。

（2）如图 2-24 所示，先将蓄电池正极接线接上，然后连接上搭铁线。

3 蓄电池的清洁

为了防止蓄电池过多地自行放电，蓄电池的表面必须保持清洁。因此要经常清洗蓄电池表面，在清洗蓄电池时应注意以下几点：

（1）如图 2-25 所示，清洗时，要一边用水（最好用热水）冲，一边用刷子刷。

图 2-24 蓄电池的安装

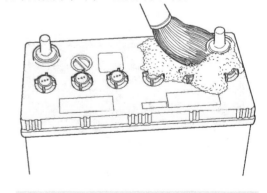

图 2-25 用刷子清洁蓄电池

(2)蓄电池极柱由于有电解液漏出,容易被腐蚀,应仔细地把电解液洗掉,清理直到裸露出金属。

(3)如图 2-26 所示,检查蓄电池的加液孔盖,如有堵塞应清除干净。

(4)如图 2-27 所示,清理蓄电池槽和电极夹以后,安装时在电极夹上涂加少量的耐酸油脂。

(5)清洗蓄电池一般在充电结束后进行。当蓄电池表面很脏时,充电前应进行一次清洗,充电后重新用水冲洗并擦干净。

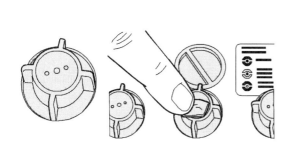

图 2-26　清洁蓄电池加液孔盖

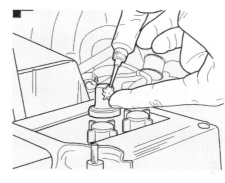

图 2-27　涂耐酸油脂

4 蓄电池的检查

(1)检查蓄电池电解液液面高度。在正常使用条件下,蓄电池几乎不需要进行维护,在高温条件下则应定期对蓄电池液面高度进行检查。检查时,应拆掉蓄电池上的搭铁线,观察蓄电池电解液位应在隔板以上 5mm 或在(外壳)平面的"MAX"和"MIN"之间,如图 2-28 所示。若电解液不足,只能用蒸馏水补充,绝不能随意添加补充液及其他不干净的水。

若蓄电池的电解液平面过高,在强大负荷(如白天长途行驶)情况下,会引起电解液"沸腾而外溢";电解液平面过低,会缩短蓄电池的使用寿命。

(2)检查蓄电池电解液密度。如图 2-29 所示,测量电解液密度,可使用电解液密度计,吸入密度计中的蓄电池电解液密度越大,浮子升起越高。从密度计刻度上可读出电解液密度值。蓄电池电解液正常的密度值见表 2-2。

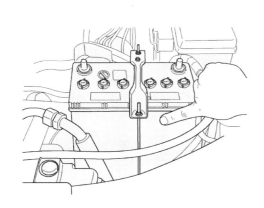

图 2-28　检查蓄电池电解液液面高度

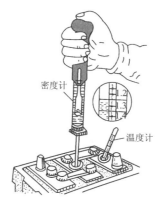

图 2-29　检查蓄电池电解液密度

项目二 蓄电池的构造与维修

蓄电池电解液正常的密度 表 2-2

温度条件	蓄电池状态	电解液密度(g/cm^3)
常温下	放电	1.12
	半充电	1.20
	全充电	1.28
在热带地区	放电	1.08
	半充电	1.14
	全充电	1.23

若各电池槽中的电解液密度相互间的偏差不超过 $0.02g/cm^3$，可对蓄电池进行充电，以恢复其性能；若在一个或两个相邻电池槽中的电解液密度明显地下降，说明蓄电池有短路故障，应对其进行修复或更换。

（3）检查蓄电池电压。蓄电池电解液密度与电压（有负荷时）结合起来，可以清楚地反映蓄电池充电的情况。

如图 2-30 所示，可用高率放电计来测量蓄电池电压（有负荷时）。若负载电流为 110A，则最小电压不得低于 9.6V。在测试（5～10s）过程中，若电压低于规定的数值，可能为蓄电池已放完电或损坏。

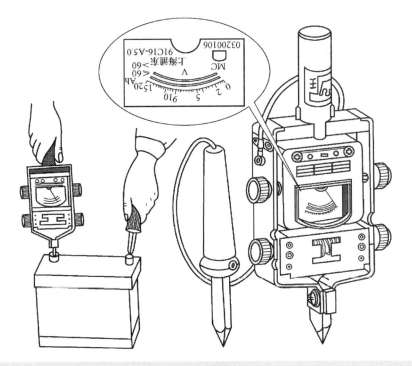

图 2-30　检查蓄电池电压

任务三　蓄电池的充电

一　实训准备

1　实训器材

(1) 组合工具(图2-31)。
(2) 其他工具及器材:桑塔纳2000GSi轿车(见图2-14)、举升机(见图2-15)、扭力扳手、螺丝刀、钳子、电解液密度计、蓄电池充电机、专用快速充电机VW1266A、转向盘护套、变速杆手柄套、座位套、脚垫、翼子板和前格栅磁力护裙等。

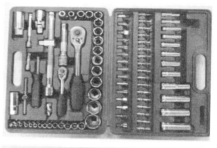

图2-31　组合工具

2　准备工作

(1) 汽车进入工位前,将工位清理干净,准备好相关的器材。
(2) 将汽车停驻在举升机中央位置(见图2-17)。
(3) 拉紧驻车制动器操纵杆(见图2-18),并将变速杆置于空挡位置。
(4) 套上转向盘护套(见图2-19)、变速杆手柄套和座位套,铺设脚垫。
(5) 在车内拉动发动机舱盖手柄。在车外打开并支撑发动机舱盖(见图2-20)。
(6) 粘贴翼子板和前格栅磁力护裙(见图2-21)。

二　蓄电池的充电

1　常规充电

注意:在蓄电池充电室内不能有明火,不得吸烟,室内禁止存放精密仪器。

(1) 先后拆下蓄电池的负极接线和正极接线(见图2-22)。
(2) 打开全部加液孔盖。若蓄电池已冻结,应先融化。
(3) 检查电解液液面高度,如电解液不足,应先补充蒸馏水。
(4) 如图2-32所示,将蓄电池的正、负极与充电机的正、负极对应连接。
(5) 接通充电。充电电流是根据蓄电池的容量而定的,一般为额定容量的10%。54A·h的蓄电池,其充电电流约为5.4A。
(6) 在充电过程中应随时测量电解液温度。若温度超过40℃,应停止充电或者减小充电电流,直到温度降低到40℃以下。
(7) 每1h测量三次电解液密度和电压,直至不再上升,且所有的电解槽都开始沸腾时,应停止充电。充足电的电解液密度应为 $1.28g/cm^3$（热带地区：$1.23g/cm^3$），蓄电池总电压应为 15.6~16.2V。

（8）当蓄电池充电之后，检查电解液液面高度，如需要就增添蒸馏水。

（9）如图 2-33 所示，蓄电池充足电后仍继续排气 20min，方可旋紧加液孔盖。

（10）用热水冲刷蓄电池，使其清洁。

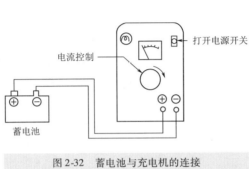

图 2-32 蓄电池与充电机的连接

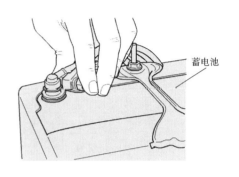

图 2-33 旋紧加液孔盖

2 快速充电

如图 2-34 所示，蓄电池的快速充电应使用专用快速充电机 VW1266A 进行充电。

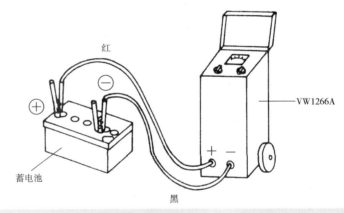

图 2-34 用专用快速充电机对蓄电池充电

第一部分　理 论 知 识

1. 汽车用蓄电池一般有以下作用：

　　（1）_____

　　（2）_____

（3）_____。
（4）_____。
2. 目前汽车上常用的蓄电池主要采用铅酸蓄电池,铅酸蓄电池又可分为_____、_____和_____等。
3. 蓄电池型号为:6—QAW—100。第一部分:"6"表示_____;
第二部分:"QAW"表示_____;
第三部分:"100"表示_____。
4. 汽车蓄电池通常由6个单格电池组成,每个单格电池电压约为2V,串联成12V蓄电池以供汽车使用。将图中单格蓄电池部件名称填入表格中。

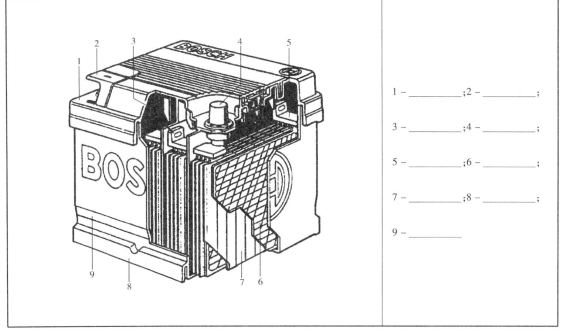

1 - _____ ; 2 - _____ ;

3 - _____ ; 4 - _____ ;

5 - _____ ; 6 - _____ ;

7 - _____ ; 8 - _____ ;

9 - _____

5. 将图中极板组部件名称填入表格中。

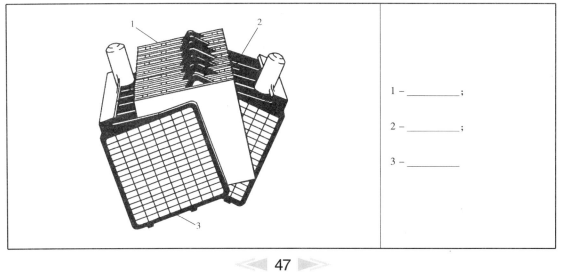

1 - _____ ;

2 - _____ ;

3 - _____

6. 将图中壳体和盖板部件名称填入表格中。

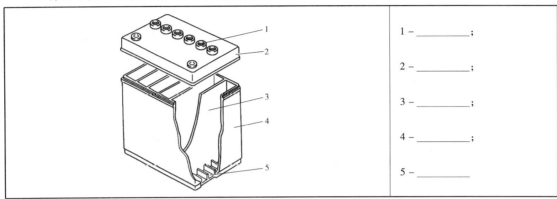

1－_____；

2－_____；

3－_____；

4－_____；

5－_____。

7. 免维护蓄电池内部设有电解液密度计,在盖板上均设有密度与液面观察窗(俗称电眼),以显示蓄电池的充电情况及电解液面是否过低,见下图。

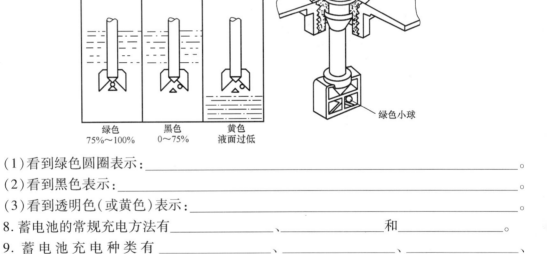

(1)看到绿色圆圈表示:_____。
(2)看到黑色表示:_____。
(3)看到透明色(或黄色)表示:_____。
8. 蓄电池的常规充电方法有_____、_____和_____。
9. 蓄电池充电种类有_____、_____、_____、_____和_____等。

第二部分 实践操作

1. 简述蓄电池的更换方法。

2. 检查蓄电池电解液液面高度。在正常使用条件下,蓄电池几乎不需要进行维护,在高温条件下则应定期对蓄电池液面高度进行检查。检查时,应拆掉蓄电池上的搭铁线,观察蓄电池电解液位应在隔板以上5mm或在(外壳)平面的"MAX"和"MIN"之间。

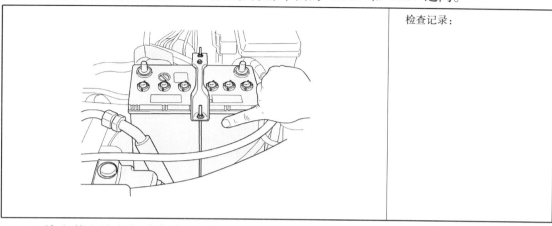

检查记录：

3. 检查蓄电池电解液密度。测量电解液密度，可使用电解液密度计，吸入密度计中的蓄电池电解液密度越大，浮子升起越高。从密度计刻度上可读出电解液密度值。

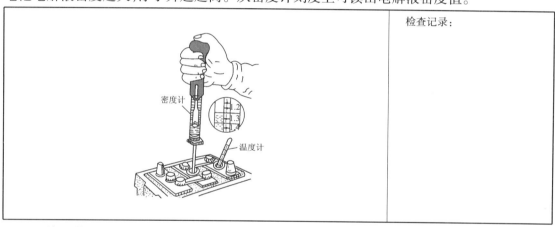

检查记录：

4. 检查蓄电池电压。蓄电池电解液密度与电压(有负荷时)结合起来，可以清楚地反映蓄电池充电的情况。可用高率放电计来测量蓄电池电压(有负荷时)。若负载电流为110A，则最小电压不得低于9.6V。在测试(5～10s)过程中，若电压低于规定的数值，可能为蓄电池已放完电或损坏。

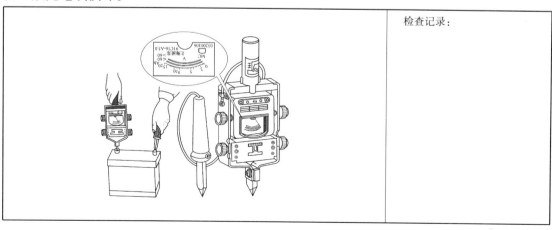

检查记录：

5. 简述蓄电池的充电方法。

第三部分 评价与反馈

考核项目	评分标准	分　数	学生自评	小组互评	教师评价	小　计
团队合作	是否和谐	5				
活动参与	是否积极主动	5				
安全生产	有无安全隐患	10				
现场5S	是否做到	10				
任务方案	是否合理	15				
操作过程	蓄电池的更换 蓄电池的检查 蓄电池的充电	30				
任务完成情况	是否圆满完成	5				
工具和设备使用	是否规范、标准	10				
劳动纪律	是否能严格遵守	5				
工单填写	是否完整、规范	5				
总　分		100				
教师签名：				年　月　日	得　分	

项目三 发电机的构造与维修

任务一 发电机的认识

一 发电机的功用和类型

1 发电机的功用

充电系统就是将发动机一部分机械能转变为电能的装置,其系统组成如图 3-1 所示。

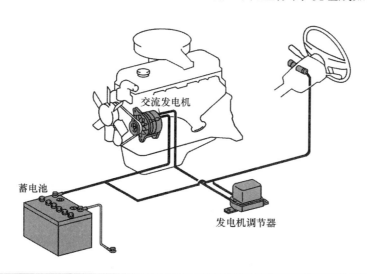

图 3-1 充电系统的组成

项目三 发电机的构造与维修

图 3-2 交流发电机外形

充电系统最重要的部件为产生电能的交流发电机(图 3-2),发电机是汽车电气系统的电源,由发动机曲轴 V 形带轮通过 V 形带驱动,在发动机正常工作时,发电机为所有用电设备供电,并向蓄电池充电,以补充蓄电池在使用中所消耗的电能;其次为控制发电机最高输出电压的调节器;另外,还有指示充电系统工作是否正常的指示灯或电流表,以及连接各电器部件的导线等。

2 发电机的型号

根据中华人民共和国汽车行业标准《汽车电气设备产品型号编制方法》(QC/T 73—1993)的规定,汽车交流发电机的型号主要包括以下五部分组成,即:

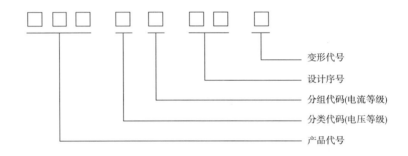

(1)产品代号。交流发电机的产品代号有 JF、JFZ、JFB 和 JFW 共 4 种,分别表示交流发电机、整体式交流发电机、带泵交流发电机和无刷交流发电机(字母 J、F、Z、B 和 W 分别为"交"、"发"、"整"、"泵"和"无"字的汉语拼音第一个大写字母)。

(2)电压等级代号。交流发电机的电压等级代号用一位阿拉伯数字表示,其含义见表 3-1。

电 压 等 级 代 号　　　　　　　　　　　　　　　　表 3-1

电压等级代号	1	2	3	4	5	6
电压等级(V)	12	24	—	—	—	6

(3)电流等级代号。交流发电机的电流等级代号用一位阿拉伯数字表示,其含义分别见表 3-2。

电 压 等 级 代 号　　　　　　　　　　　　　　　　表 3-2

电流等级代号	1	2	3	4	5	6	7	8	9
电流等级(A)	~19	≥20~29	≥30~39	≥40~49	≥50~59	≥60~69	≥70~79	≥80~89	≥90

(4)设计序号。设计序号按产品设计先后顺序,由 1~2 位阿拉伯数字组成。

(5)变形代号。交流发电机以调整臂位置作为变形代号。从驱动端看,在中间不加标记,在左边时用 Z 表示,在右边时用 Y 表示。

例如,JF152 表示交流发电机,其电压等级为 12V,电流等级为 ≥50~59A,第二次设计。

桑塔纳、奥迪 100 型乘用车用的 JFZ1913Z 型交流发电机是电压等级为 12V，电流等级为≥90A，第 13 次设计，调整臂在左边的整体式交流发电机。

二、交流发电机的结构

交流发电机主要由定子、转子、整流器、前盖板、电刷、后盖板等组成，如图 3-3 所示。

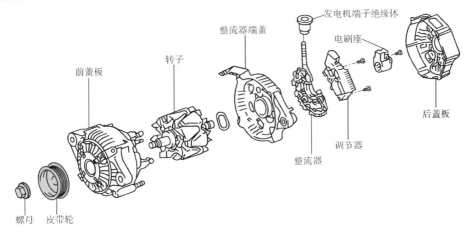

图 3-3　交流发电机的构造

1 定子

交流发电机的定子又叫电枢，用于产生交流电动势的。由定子线圈及硅钢片叠成的定子铁芯组成，两端为铝制的端盖所支撑，为外壳的部分，其结构如图 3-4 所示。

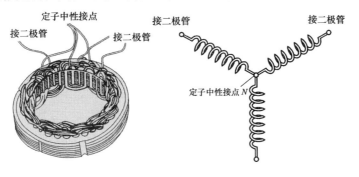

图 3-4　定子的构造

定子铁芯由许多涂有绝缘漆的硅钢片叠成，内有直槽，以容放定子线圈，槽数为转子磁极数的三倍。

定子线圈由漆包线绕成，共有三组线圈，每组线圈由与转子磁极数相等数量的线圈串联而成。定子绕组的接法有星形（Y 形）、三角形（△）两种方式。发电机一般采用星形连接，即每相绕组的首端分别与整流器的硅二极管相接，作为交流发电机的输出端，每相绕组的尾端接在一起，形成中性点 N。

项目三 发电机的构造与维修

2 转子

交流发电机的转子是用于建立磁场的,主要由磁极、磁场线圈、集电环和轴等组成,如图3-5所示。两块爪形磁极交叉组合在一起,一边为N极,另一边为S极,N、S极相间排列,一般为8~16极。磁场线圈在内部被磁极包围,两端以轴承支持在端壳上,前端装有V形带轮,由发动机曲轴通过V形带驱动,使转子在定子中旋转。

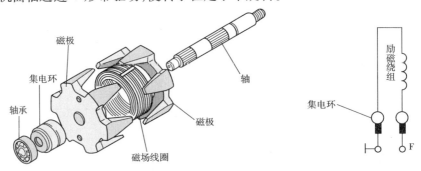

图3-5 转子的构造

磁场线圈以细的漆包线绕成,线的两端各接在一个集电环上,与轴及磁极有良好绝缘。集电环装在转子轴之一端,以黄铜或铜制成,与轴绝缘,供电流输入磁场线圈用。

转子线圈电流的流动回路如下：

由调节器来的电流→电刷→集电环→磁场线圈→集电环→电刷→搭铁。

3 整流器

整流器的作用是将定子绕组产生的三相交流电变成直流电输出,其构造如图3-6所示。3个正极整流二极管装在一块金属板上成为正整流板,3个负极整流二极管装在另一块金属板上成为负整流板,两块整流板装在铝制的端盖上。

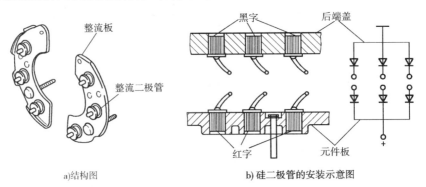

a) 结构图　　　　　　　　b) 硅二极管的安装示意图

图3-6 整流器的构造

整流二极管为大功率的二极管,构造如图3-7所示,正、负极整流二极管的外形一样,在外壳上有记号注明电流方向,正极整流管用红色、负极整流管用黑色字注明规格。

整流器必须散热良好,如果温度过高(超过150℃)将会失去整流作用。因此整流器安装在端壳的通风口上,利用风扇强制通风冷却。

有些交流发电机的整流器采用9只二极管,增加的是3只小功率磁场二极管,专门用来供给励磁电流,这样可以提高发电机的电压调节精度。采用磁场二极管后,仅用简单的充电警告灯即可指示发电机的发电情况。

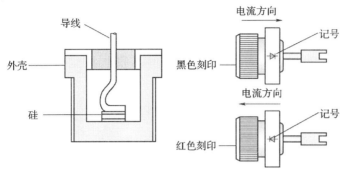

图3-7 整流二极管的构造

另外,有些交流发电机为了提高中性点电压,提高发电机输出功率,增加了两只二极管对中性点电压进行整流,汇入发电机的输出端。同时具备上述两种功能的发电机整流器共有11只整流二极管,图3-8为几种不同的发电机整流器。

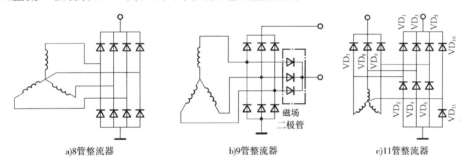

a) 8管整流器　　b) 9管整流器　　c) 11管整流器

图3-8 具有中性点和励磁二极管的整流器

4 电刷与电刷架

两只电刷装在电刷架的方孔内,利用弹簧的压力使其与集电环保持良好的接触。电刷与电刷架的结构有外装式和内装式两种,其构造如图3-9所示。

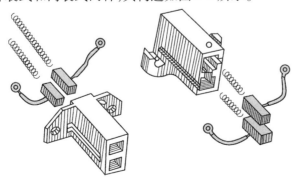

图3-9 电刷与电刷架

项目三 发电机的构造与维修

两电刷的引线分别接后端盖上的两个接线柱,按接线柱的形式不同,发电机可分为内搭铁和外搭铁两种形式。其中,内搭铁式发电机的一个接线柱与后端盖绝缘,称为"励磁"接线柱,标记"励磁"或"F",另一接线柱后直接接到后端盖上,称为"搭铁"接线柱,标记"搭铁"或"-"。外搭铁式发电机的两个接线柱都与后端盖绝缘,分别标记"F1"和"F2",如图3-10所示。

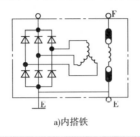
a)内搭铁

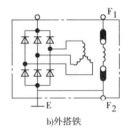
b)外搭铁

图3-10 发电机的搭铁方式

5 前、后端盖

发电机的前、后端盖如图3-11和图3-12所示,使用不导磁的铝合金制成,用以支撑转子与定子,并用固定架安装于发动机上。端盖上有通风孔,让冷却空气通过。后端盖上安装有整流器、电刷架、输出接头及轴承等。

图3-11 前端盖的构造

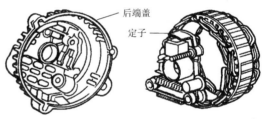

图3-12 后端盖的构造

6 V形带轮及风扇

如图3-13所示,V形带轮装在转子轴的前端,由发动机曲轴通过V形带驱动。风扇装在转子轴的前端或发电机的内部,以冷却转子线圈及整流管等。

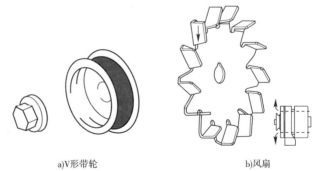

a)V形带轮   b)风扇

图3-13 V形带轮和风扇

三、交流发电机的工作原理

1 电磁感应原理

导体在磁场内运动切割磁力线,在导体中会产生感应电压;在导线中放置磁铁,并使磁铁旋转,在导线中也会产生感生电压;磁力线切割线圈,能在线圈中产生感应电压(电动势),这种现象称为电磁感应。发电机的基本工作原理就是利用电磁感应产生感应电压,因而产生电压与电流的,如图3-14所示。

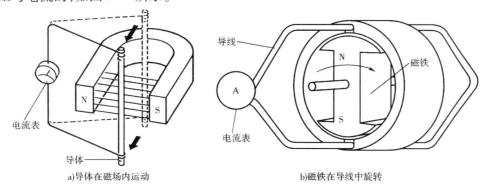

图3-14 电磁感应原理

2 三相交流电的产生方法

一旦磁铁在定子线圈中旋转,定子线圈中就会产生电流。由于电的热效应,定子线圈中电流越大越易发热。因此,定子线圈装在发电机外层对冷却有好处。所以,所有交流发电机的发电线圈(定子绕组)都在外层,而旋转磁铁(转子铁芯)都在定子线圈内,如图3-15所示。

若定子中仅有一组线圈,则磁铁每旋转一圈,线圈中产生一次电压的变化,称为单相交流电,如图3-16a)所示。

若定子中装有两组线圈,则磁铁每旋转一圈,线圈各产生一次电压的变化,称为双相交流电,如图3-16b)所示。

若定子装有三组线圈,则磁铁每旋转一圈,线圈各产生一次电压的变化,称为三相交流电,如图3-16c)所示。此时,由于每一相位相差120°,波形变化平均且密集,输出平稳,故交流发电机一般都采用三相方式。

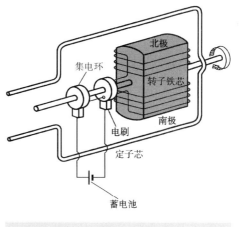

图3-15 磁铁在线圈中旋转

汽车用交流发电机的转子一般采用8~16极,若以6对(12极)计算,则转子每旋转一圈,可以产生18次交流电波,再经整流管全波整流后,则电压的输出变化很小,非常平稳。

项目三 发电机的构造与维修

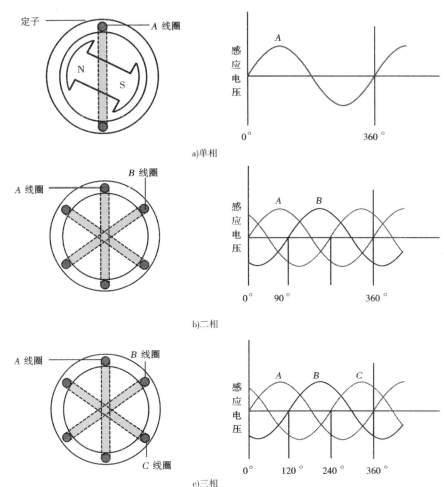

图 3-16 三相交流电的产生方法

三相交流电每相绕组的电动势有效值的大小与转子的转速及磁极的磁通量成正比。即：

$$E_\Phi = C_1 n \Phi$$

式中：E_Φ——相电动势的有效值；

C_1——电动机常数；

n——转子的转速；

Φ——磁极的磁通量。

为了从线圈产生的电动势中引出电流，一般采用三角形接法和星形接法将三根线圈连接，如图 3-17 所示。

（1）三角形接法。采用三角形接法时，三组线圈头尾相接，见图 3-17a）所示。这种接法，在高速时发电量大，低速时发电量小。由于汽车发电机必须在低速下也能保证发出足够的电量，所以三角形接法很少使用。

（2）星形接法。又称为 Y 形接法，采用这种接法时，只是将三组线圈尾部相接，见

图3-17b）。由于星形接法即使在低速下也能发出足够的电量，所以广泛地应用在汽车交流发电机上。

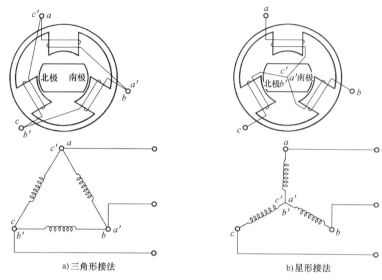

图3-17　定子线圈的两种接法

3　发电机的励磁方式

由于交流发电机转子的爪极剩磁较弱，所以发电机在低速运转时，加在硅二极管上的正向电压也很小。此时，二极管的正向电阻较大，较弱的剩磁产生的很小的电动势很难克服二极管的正向电阻，使发电机电压不能迅速建立起来。这样，发电机低速充电的要求就不能满足。因此，汽车上发电机必须与蓄电池并联，开始由蓄电池向励磁绕组供电，进行他励，使发电机电压很快建立起来，当发电机电压达到蓄电池电压时，即由发电机自己供给励磁电流，也就是由他励转变为自励，蓄电池被充电的机会就多一些，有利于蓄电池的使用。励磁电路如图3-18所示。

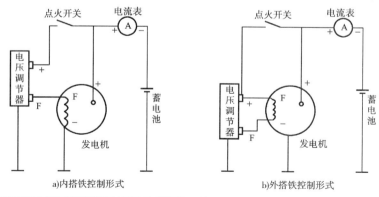

图3-18　励磁电路

4　整流器的工作原理

（1）整流原理。汽车上的电器都是使用直流电，因此交流发电机产生的交流电必须转变

项目三 发电机的构造与维修

为直流电才能被汽车电器使用,并充电到蓄电池。将交流电转变成直流电的过程称作整流,整流的方法有许多,汽车交流发电机所使用的是一种既简单又有效的二极管整流法。二极管具有单向导电性,只允许电流按一个方向流通,如图3-19所示。

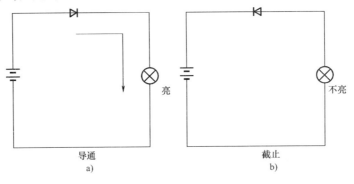

图3-19 二极管的单向导电性

由于三相交流的三组线路可互相共用,故仅需使用六只整流二极管,即可实现交流发电机三相绕组的全波整流,如图3-20所示。

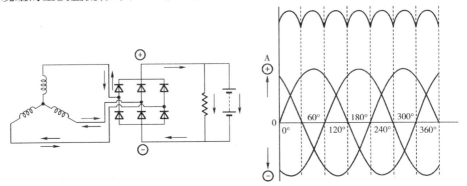

图3-20 三相全波整流电路

(2)整流过程。整流过程如图3-21所示。

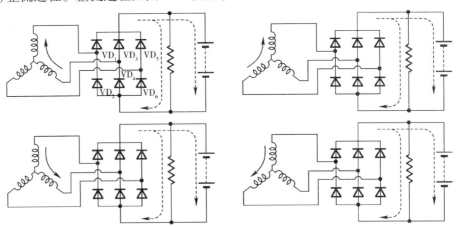

图3-21 整流过程

①正极管的导通原则。由于3只正极管（VD_1、VD_3、VD_5）的正极分别接在发电机三相绕组的始端上，它们的负极又连接在一起，所以3只正极管的导通原则是在某一瞬间，正极电位最高者导通。

②负极管的导通原则。由于3只负极管（VD_2、VD_4、VD_6）的负极分别接在发电机三相绕组的始端，它们的正极又连接在一起，所以3只负极管的导通原则是在某一瞬间负极电位最低者导通。

由图3-21可以看到，从每个线圈流到二极管的电流在3根导线处不断改变方向。但是从二极管出来的电流方向将固定不变，从而形成正（+）极和负（-）极。

四、电压调节器的功用和型号

1. 电压调节器的功用

电压调节器是把发电机输出电压控制在规定范围内的调节装置。由于交流发电机的转子是由发动机通过传动带驱动旋转的，且发动机和交流发电机的速比为1.7~3，因此交流发电机转子的转速变化范围非常大，这样会引起发电机的输出电压发生较大变化，无法满足汽车用电设备的工作要求。为了防止发电机电压过高而烧坏用电设备和导致蓄电池过量充电，同时也防止发电机电压过低而导致用电设备工作失常和蓄电池充电不足。交流发电机必须配用电压调节器，使其输出电压在发动机所有工况下基本保持恒定。

2. 电压调节器的分类

电压调节器可按工作原理分类，也可按搭铁形式分类。

（1）按工作原理分类。交流发电机电压调节器按工作原理可分为以下几类。

①触点式电压调节器。触点式电压调节器是通过触点开闭，使磁场电路的电阻改变来调节电压的；触点在开闭过程中存在着机械惯性和电磁惯性，有单级触点式和双级触点式，这种电压调节器触点易氧化、烧蚀，使用寿命短，对无线电干扰大、可靠性差，现已很少使用，基本上被淘汰。

②晶体管式电压调节器（也称电子调节器）。晶体管式电压调节器是以稳压管作为电压感受元件，控制晶体三极管的通断来调节励磁电流，使发电机电压保持稳定。这种调节器没有触点，使用过程中无需维护，具有结构简单、体积小、重量轻、寿命长、可靠性高、无线电干扰小等优点，目前已经逐步取代触点式调节器。

③集成电路调节器。集成电路调节器又称IC电路调节器，集成电路调节器与电子调节器的工作原理相同，根据发电机或蓄电池的电压信号（输入信号），利用三极管的开关特性控制发电机的磁场电流，达到稳定发电机输出电压的目的。具有超小型、可靠性高、成本低等优点，可方便地安装在发电机内部与发电机组成一个整体，故装有集成电路调节器的交流发电机又称为整体式交流发电机。

④计算机控制调节器。计算机控制调节器是现代轿车采用的一种新型调节器，由电负载检测仪测量系统总负载后，向发动机控制单元发送信号，然后由发动机控制单元控制发电机电压调节器，适时地接通和断开励磁电路，既能可靠地保证电气系统正常工作，使蓄电池充电充足，又能减轻发动机负荷，提高燃料经济性。

（2）按搭铁形式分类。交流发电机电压调节器按搭铁形式的不同可分为内搭铁式（与内搭铁式交流发电机配套使用）和外搭铁式（与外搭铁式交流发电机配套使用）。

3 电压调节器的型号

按《汽车电气设备产品型号编制方法》（QC/T 73—1993）的规定，汽车交流发电机电压调节器的产品型号编制规则如下：

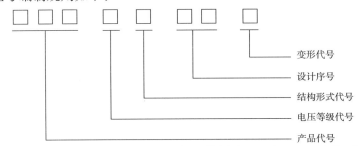

（1）产品代号。交流发电机电压调节器的产品代号有 FT 和 FTD 两种，分别表示发电机电压调节器和电子式发电机电压调节器（字母 F、T、D 分别为发、调、电的汉语拼音第一个字母）。

（2）电压等级代号。该代号与交流发电机相同，电压等级代号用一位阿拉伯数字表示：1 表示 12V 系统，2 表示 24V 系统，6 表示 6V 系统。

（3）结构形式代号。结构形式代号用一位阿拉伯数字表示，见表 3-3。

发电机调节器结构形式代号码　　　　表 3-3

结构形式代号	1	2	3	4	5
电压调节器	单联	双联	三联		
电子式电压调节器				晶体管	集成电路

（4）设计代号。设计代号按产品设计先后次序，用 1~2 位阿拉伯数字表示。

（5）变形代号。变形代号用汉语拼音大写字母 A、B、C……顺序表示（不能用 0 和 1）。

例如：FT126C 表示 12V 的双联机械电磁振动式调节器，第 6 次设计，第 3 次变形。

五 电压调节器基本工作原理

根据交流发电机产生的有效电动势公式 $E_\Phi = C_1 n \Phi$ 可以得出：发电机产生的电动势 E_Φ 与发电机转速 n 和磁通量 Φ 成正比。发电机的转速 n 随发动机转速变化而在很大范围内变化。如果要在转速 n 变化时维持发电机输出电压恒定，就必须相应地改变磁极磁通量 Φ。因为磁极磁通量多取决于磁场电流的大小，所以在发电机转速变化时，只要自动调节磁场电流，就能使发电机电压保持恒定。

电压调节器就是利用自动调节磁场电流使磁极磁通量改变这一原理来调节发电机输出电压的。

调节磁场电路电流的方法一般有三种：一是通过更改电路中的电压，二是更改电路中的电阻值，三是控制电路的通与断，电压调节器采用的是后两种方法。触点式电压调节器是通过触点开闭，使磁场电路的电阻改变，从而来调节磁场电流；其他形式的电压调节器是利功率三极管的开关特性,使磁场电流接通与切断,从而来调节磁场电流。

1 触点式电压调节器工作原理

触点式电压调节器目前应用不多,双级触点式仍有少量车采用,现简单介绍如下。

双级触点式电压调节器的结构和原理如图3-22所示,它有两对触点,K_1为常闭触点(也称低速触点),K_2为常开触点(也称高速触点),有三个电阻,分别是加速电阻、附加电阻和温度补偿电阻。

低速时通过低速触点振动使附加电阻串入励磁回路从而调节励磁电流;高速时高速触点振动,附加电阻串入励磁回路,同时还将发电机励磁绕组短路,使发电机电压恒定。

2 晶体管电压调节器的工作原理

晶体管电压调节器基本工作原理如图3-23所示。调节器的"＋"接线柱接点火开关,F接线柱接发电机励磁绕组,"＋"和F之间为三极管的集电极与发射极之间形成的开关电路,"＋"与"－"之间有两个电阻R_1、R_2组成的分压器,其O点电压正比于发电机电压,O点与放大器之间接有稳压管D_W,用来感知电压。其工作过程为:在发电机电压较低的情况下,分压器中间O点电压也较低,此时稳压管处于截止状态,此状态经放大器放大,给三极管的基极一个高电位信号,使三极管导通,励磁电流可以通过三极管流入发电机励磁绕组,使发电机电压上升,当电压上升到调节器电压调整值时,O点电压升高至稳压管的击穿电压,稳压管被击穿,此信号经放大器放大后给三极管一个低电位信号,使三极管截止,切断了励磁电流,发电机无励磁电流,电压便下降,这样又使三极管导通,如此反复,使发电机的电压稳定在一定值。

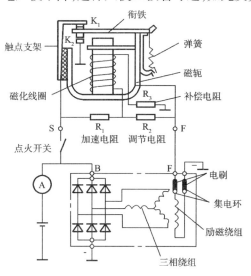

图3-22 双级触点式电压调节器电路原理

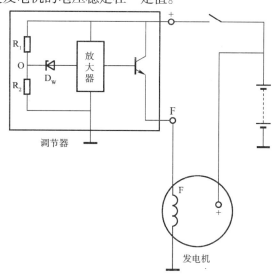

图3-23 晶体管电压调节器基本工作原理

从上述调节器的结构和工作情况看,晶体管电压调节器共有三个接线柱,即"＋"、"F"和"－",在接线时不能接错。值得注意的是,晶体管电压调节器的接线方式根据发电机和调节器的形式而有所不同。虽然调节器的接头标注都一样,但接法完全不同。图3-24为发电机和调节器的两种接线方式。

图 3-24a) 为磁场线圈内搭铁式，调节器装在发电机与点火开关之间，发电机励磁绕组有一端搭铁。图 3-24b) 为外搭铁式，调节器装在发电机励磁绕组与搭铁之间，发电机励磁绕组无搭铁端，调节器控制励磁绕组搭铁。这两种形式的发电机与调节器不能互换，否则将会造成发电机电压失调或不发电。

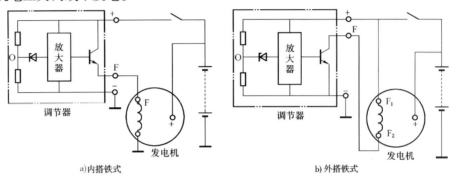

图 3-24　发电机和调节器的两种接线方式

3 集成电路调节器的工作原理

集成电路调节器的基本工作原理与晶体管调节器完全一样，都是利用晶体三极管的开关特性控制发电机磁场电流来达到稳定发电机输出电压的目的，如图 3-25 所示。它也有内搭铁和外搭铁之分，而且以外搭铁使用的较多。

集成电路调节器根据不同的电压检测方法可分为"蓄电池电压检测型"和"发电机电压检测型"，如图 3-26 所示。蓄电池感应型的 IC 调节器通过端子 S（蓄电池检测端子）来检测蓄电池的电源系统电压，并把输出电压调节到规定的值；发电机感应型的 IC 调节器通过检测发电机的内部电压来把输出电压调节到规定的值。

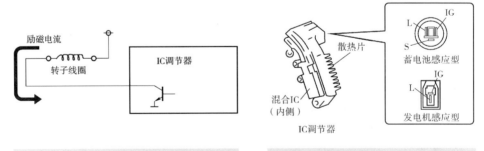

图 3-25　IC 电压调节器　　　　　图 3-26　集成电路调节器电压检测方法

IC 调节器的主要功能是：电压调节和当发电机停止发电或充电条件异常时发出警告。当检测到转子线圈开路或短路、端子 S 脱开、端子 B 脱开、过电压（由于端子 F 和 E 之间短路使蓄电池电压上升）时，IC 调节器通过亮起充电警告灯发出警告。

4 微机控制的电压调节器

图 3-27 为微机控制的发电机电压调节器电路图，发电机整流器为 8 管。调节器为内装式外搭铁型，由发动机控制单元控制。

在汽车电路中有一个负载检测仪,检测电路中总电流负载大小,送信号到发动机控制单元,调节器 C 接线端子送发电机电压信号到发动机控制单元,发动机控制单元根据这两个信号判断励磁电路应该接通还是断开,输出控制信号到 FR 端子,驱动调节器的控制电路,适时地接通和断开励磁绕组电路,以此控制发电机的输出电压。

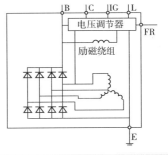

图 3-27　微机控制发电机调节器电路

六 充电指示灯控制方法

现代汽车大部分都用充电警告灯来表示电源系统的工作情况,但也有用电流表指示蓄电池充、放电的。充电警告灯的控制方法主要有三种:第一种是利用交流发电机中性点电压进行控制;第二种是利用九管交流发电机进行控制;第三种利用交流发电机输出端电压,通过电子控制器进行控制。带有集成电路调节器的整体式交流发电机与外部(蓄电池、线束)连接端子通常用 B+(或+B、BAT)、IG、L、S(或 R)和 E(或"-")等符号表示,这些符号通常在发电机端盖上标出,其代表的含义如下:

B+(或+B、BATI):为发电机输出端子,用一根粗导线连接至蓄电池正极或起动机上。

IG:表示通过线束连接至点火开关,在部分发电机上无此端子。

L:为充电警告灯连接端子,通过线束接充电警告灯或充电指示继电器。

S(或 R):为调节器的电压检测端子,通过导线直接连接蓄电池的正极。

E:为发电机和调节器的搭铁端子。

1 利用中性点控制的充电指示灯

利用中性点控制的充电指示灯电路如图 3-28 所示。

2 利用九管发电机控制

九管发电机控制的充电警告灯电路如图 3-29 所示。

接通点火开关,电流从蓄电池"+"极→点火开关 S→充电警告灯 HL→调节器火线接线柱"+"→磁场接线柱 F→发电机励磁绕组→搭铁→蓄电池"-"极,构成回路。充电警告灯亮,表示不充电。

当发动机起动后,充电警告灯受蓄电池电压和励磁二极管输出端的电压 D_+ 的差值所控制。随发电机转速的升高,D_+ 处电压升高,充电警告灯两端的电位差减小,灯就会自动变暗与熄灭。此后,B_+ 与 D_+ 等电位(都高于蓄电池电动势),充电警告灯一直熄灭,表示发电机对蓄电池充电。

3 利用 IC 调节器控制

利用集成电路 IC 调节器控制的充电警告灯电路如图 3-30 所示。

调节器的 IG 端经点火开关接至蓄电池,用于检测蓄电池和发电机电压,从而控制三极管 VT_1 的导通与截止,控制发电机磁场电路。调节器的 P 端接至发电机定子绕组某一相上,该点电压为交流发电机直流输出电压的一半,单片集成电路调节器从 P 端检测到交流发电机的电压,从而控制三极管 VT_2 的导通与截止,从而控制充电警告灯电路。

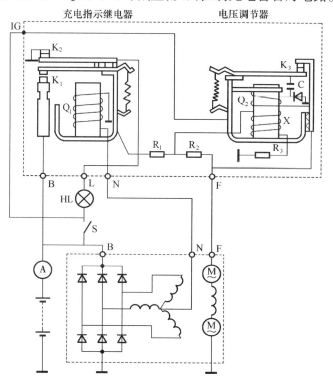

图 3-28　利用中性点控制的充电指示灯电路

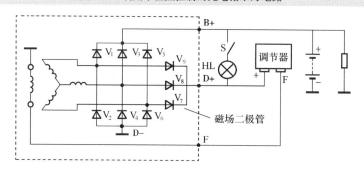

图 3-29　利用九管发电机控制的充电警告灯电路

当点火开关接通,发电机未转动时,蓄电池电压经点火开关加到发电机 IG 端和调节器的 IG 端,调节器的电源就被接通,单片集成电路检测出这个电压,使 VT_1 导通,于是磁场电路接通。磁场电路为:蓄电池正极→60A 易熔线→点火开关电源端子 B→发电机输出端子 B→磁场绕组→调节器磁场端子 F→调节器功率管 VT_1→调节器搭铁端子 E→蓄电池负极。

此时,交流发电机未运转不发电,P 端电压为零,单片集成电路检测出该电压使 VT_2 导通,于是充电警告灯亮,指示蓄电池放电,其电路为:蓄电池正极→易熔线(60A)→点火开关 B 端子→点火开关触点→点火开关 IG 端子→仪表熔断器(10A)→充电警告灯→发电机线束连接器 L 端子→IC 调节器功率管 VT_2→搭铁端子 E→蓄电池负极。

当发电机输出电压高于蓄电池电压而低于调节电压时,单片集成电路控制 VT_1 导通,VT_2 截止,发电机励磁电路仍然接通,由他励转为自励,充电指示灯自动熄灭。

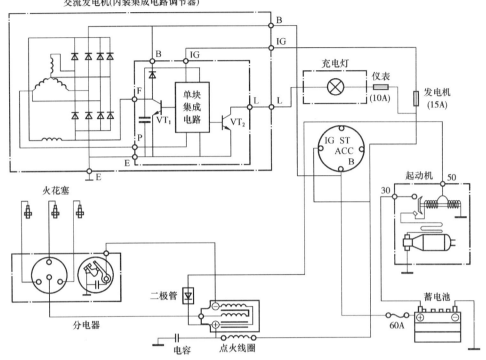

图 3-30　利用 IC 调节器控制的充电指示灯电路

此外,集成电路调节器还有自我保护功能,当出现输入端 IG 与蓄电池之间有断路故障时,集成电路控制 VT_2 导通,使充电指示灯点亮,提醒驾驶人充电系有故障;当发电机的电压超过调节电压时,集成电路自动控制 VT_2 截止,防止发电机发电电压过高。

任务二　发电机的检查与更换

一 实训准备

1 实训器材

(1)卡罗拉轿车(图 3-31)。
(2)其他工具及器材:举升机(图 2-15)、组合工具(图 2-31)、扭力扳手、钳子、螺丝刀、台虎钳、锤子、压力机、游标卡尺、万用表、专用工具 SST 09820-63020 交流发电机 V 形带轮扳手组件(A)和(B)、

图 3-31　卡罗拉轿车

项目三 发电机的构造与维修

SST 09950-40011 拉出器 B 组件[09951-04020（吊架 200）、09952-04010（滑动臂）、09953-04020（中心螺栓 150）、09954-04010（臂 25）、09955-04071（7 号卡爪）、09957-04010（连接件）、9958-04011（固定架）]、SST 09950-60010 拆装工具组件[09951-00250（拆装工具 25）]、09950-70010 手柄组件[09951-07100（手柄 100）]、SST 09950-60010 拆装工具组件[09951-00470（拆装工具 47）]、SST 09612-70100 动力转向油封拆卸工具[09612-07240（轴环）]、销（ϕ1.0mm）、转向盘护套、变速杆手柄套、座位套、脚垫、翼子板和前格栅磁力护裙等。

2 准备工作

（1）汽车进入工位前，将工位清理干净，准备好相关的器材。

（2）将汽车停驻在举升机中央位置（图 3-32）。

（3）拉紧驻车制动器操纵杆（图 3-33），并将自动变速器选挡杆置于驻车挡（P 位）位置。

图 3-32　停放汽车

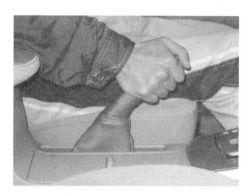

图 3-33　拉紧驻车制动器操纵杆

（4）套上转向盘护套（图 3-34）、选挡杆手柄套和座位套，铺设脚垫。

（5）在车内拉动发动机舱盖手柄（图 3-35）。

图 3-34　套上转向盘护套

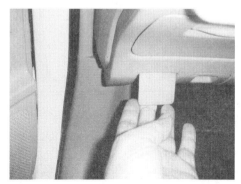

图 3-35　拉动发动机舱盖手柄

（6）在车外打开并支撑发动机舱盖（图 3-36）。

（7）粘贴翼子板和前格栅磁力护裙（图 3-37）。

	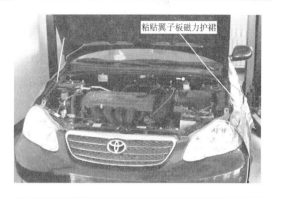
图 3-36 支撑发动机舱盖	图 3-37 粘贴翼子板和前格栅磁力护裙

二 发电机的检查与更换

拆装发电机相关部件分解图如图 3-38 所示，发电机分解图如图 3-39 所示。

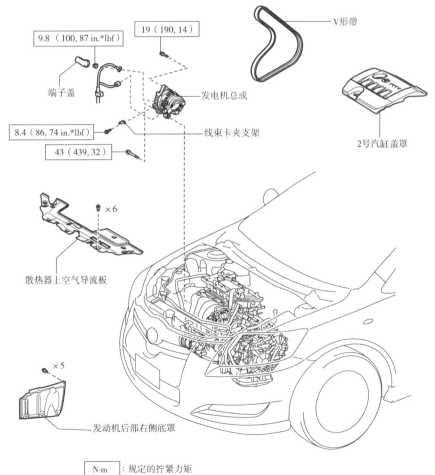

N·m：规定的拧紧力矩

图 3-38 拆装发电机相关部件分解图

项目三 发电机的构造与维修

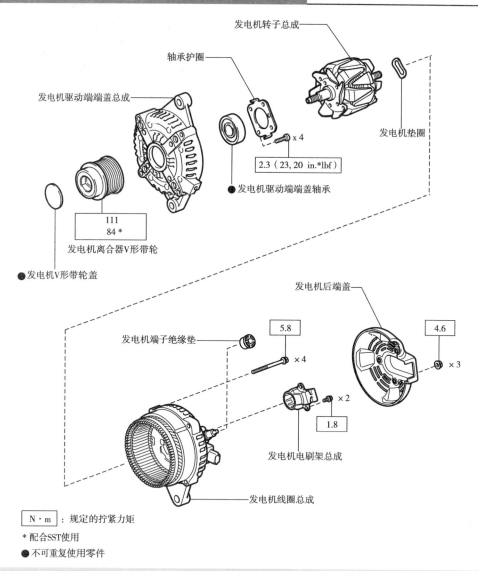

图 3-39 发电机分解图

1 发电机的拆卸

（1）从蓄电池负极端子上断开电缆。

（2）拆卸发动机后部右侧底罩。

（3）拆卸散热器上空气导流板。

（4）拆卸 2 号汽缸盖罩。

（5）拆卸 V 形带。

（6）拆卸发电机总成。

①如图 3-40 所示，拆下端子盖。拆下螺母并将线束从端子 B 上断开。断开连接器和线束卡夹。

②如图 3-41 所示，拆下两个螺栓和发电机总成。

③如图 3-42 所示,拆下螺栓和线束卡夹支架。

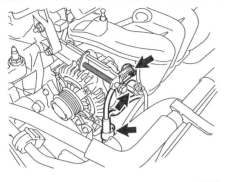

图 3-40　发电机的拆卸(1)

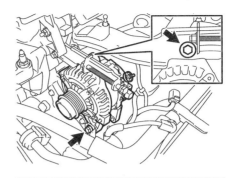

图 3-41　发电机的拆卸(2)

2　发电机的拆解

(1)拆卸发电机离合器 V 形带轮。

①如图 3-43 所示,用螺丝刀拆下发电机 V 形带轮盖。

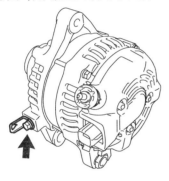

图 3-42　发电机的拆卸(3)

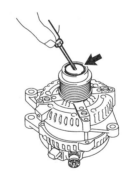

图 3-43　发电机的拆解(1)

②如图 3-44 所示,设置 SST(A) 和 SST(B)。

③如图 3-45 所示,将 SST(A) 夹在台虎钳上。将转子轴一端放在 SST(A) 中。

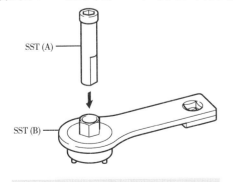

图 3-44　发电机的拆解(2)

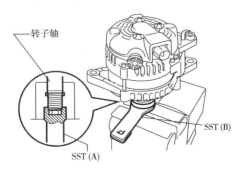

图 3-45　发电机的拆解(3)

④如图 3-46 所示,将 SST(B) 安装到离合器 V 形带轮上。

⑤按图3-47所示方向转动SST(B)，松开V形带轮。从SST上拆下发电机总成。将离合器V形带轮从转子轴上拆下。

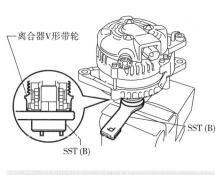

图3-46　发电机的拆解(4)　　　　　　　图3-47　发电机的拆解(5)

(2)拆卸发电机后端盖。
①如图3-48所示，将发电机总成放在离合器V形带轮上。
②如图3-49所示，拆下3个螺母和发电机后端盖。

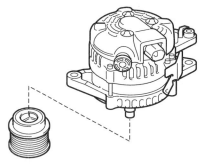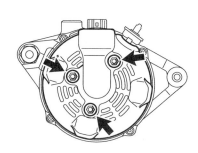

图3-48　发电机的拆解(6)　　　　　　　图3-49　发电机的拆解(7)

(3)拆卸发电机端子绝缘垫。如图3-50所示，将端子绝缘垫从发电机线圈上拆下。
(4)拆卸发电机电刷架总成。如图3-51所示，从发电机线圈上拆下两个螺钉和电刷架。

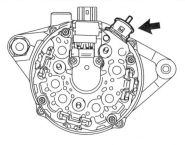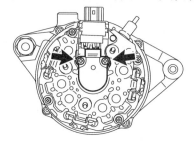

图3-50　发电机的拆解(8)　　　　　　　图3-51　发电机的拆解(9)

(5)拆卸发电机线圈总成。
①如图3-52所示，拆下4个螺栓。
②如图3-53所示，用SST 09950-40011(09951-04020、09952-04010、09953-04020、09954-

04010、09955-04071、09957-04010、09958-04011)拆下发电机线圈总成。

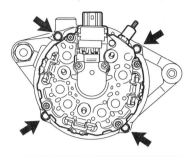

图 3-52　发电机的拆解(10)

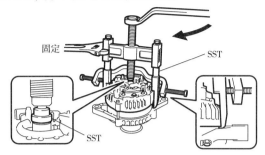

图 3-53　发电机的拆解(11)

(6)拆卸发电机转子总成。

①如图 3-54 所示,拆下发电机垫圈。

②如图 3-55 所示,拆下发电机转子总成。

图 3-54　发电机的拆解(12)

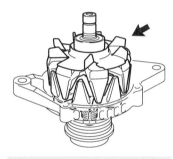

图 3-55　发电机的拆解(13)

(7)拆卸发电机驱动端盖轴承。

①如图 3-56 所示,从驱动端盖上拆下 4 个螺钉和挡片。

②如图 3-57 所示,用 SST 09950-60010(09951-00250)、09950-70010(09951-07100)和锤子,从驱动端盖中敲出驱动端盖轴承。

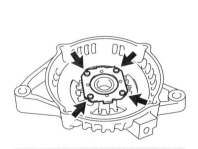

图 3-56　发电机的拆解(14)

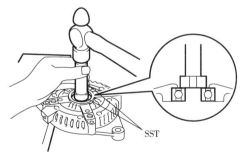

图 3-57　发电机的拆解(15)

3　发电机的检查

(1)检查发电机离合器 V 形带轮。如图 3-58 所示,固定 V 形带轮中心,确认外锁环只能逆时针转动而不能顺时针转动。如果结果不符合规定,更换离合器 V 形带轮。

(2)检查发电机电刷架总成。如图 3-59 所示,利用游标卡尺测量电刷的外露长度。标准外露长度:9.5~11.5mm,最小外露长度:4.5mm。如果外露长度小于最小值,更换电刷架总成。

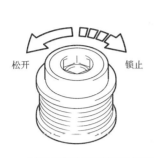

图 3-58　检查发电机离合器 V 形带轮

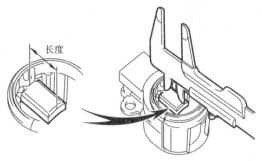

图 3-59　检查发电机电刷架总成

(3)检查发电机转子总成。

①检查发电机转子是否断路。如图 3-60 所示,用欧姆表测量集电环之间的电阻。标准电阻(约 20℃):2.3~2.7Ω。如果结果不符合规定,则更换发电机转子总成。

②检查转子是否对搭铁短路。如图 3-61 所示,使用欧姆表测量其中一个集电环与转子之间的电阻。标准电阻:1MΩ 或更大。如果结果不符合规定,则更换发电机转子总成。

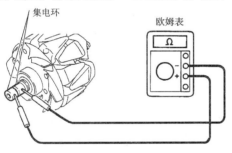

图 3-60　检查发电机转子是否断路

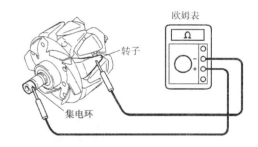

图 3-61　检查转子是否对搭铁短路

③如图 3-62 所示,检查并确认发电机转子轴承没有变粗糙或磨损。如有必要,更换发电机转子总成。

④如图 3-63 所示,用游标卡尺测量集电环直径。标准直径:14.2~14.4mm,最小直径:14.0mm。如果直径小于最小值,更换发电机转子总成。

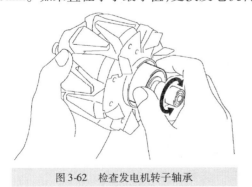

图 3-62　检查发电机转子轴承

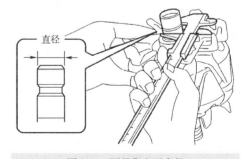

图 3-63　测量集电环直径

(4)检查发电机驱动端端盖轴承。如图 3-64 所示,检查并确认轴承没有变粗糙或磨损。如有必要,更换发电机驱动端端盖轴承。

4 发电机的重新装配

(1)安装发电机驱动端盖轴承。

①如图 3-65 所示,用 SST 09950-60010(09951-00470)、09950-70010(09951-07100)和压力机,压入一个新的发电机驱动端盖轴承。

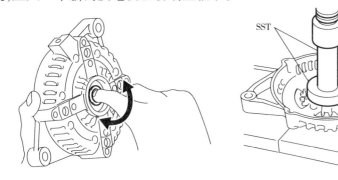

图 3-64　检查发电机驱动端端盖轴承　　　图 3-65　发电机的重新装配(1)

②如图 3-66 所示,将挡片上的凸舌嵌入驱动端盖上的切口中,以安装挡片。安装 4 个螺钉。

(2)安装发电机转子总成。

①将驱动端盖放在离合器 V 形带轮上。

②将发电机转子总成安装到驱动端盖上(见图 3-55)。

③将发电机垫圈放在发电机转子上(见图 3-54)。

(3)安装发电机线圈总成。

①如图 3-67 所示,使用 SST 09612-70100(09612-07240)和压力机,慢慢地压入发电机线圈总成。

②安装 4 个螺栓(见图 3-52)。

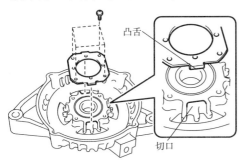 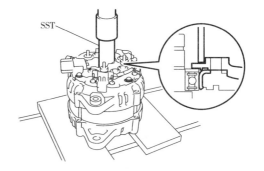

图 3-66　发电机的重新装配(2)　　　　图 3-67　发电机的重新装配(3)

(4)安装发电机电刷架总成。

①如图 3-68 所示,将两个电刷推入发电机电刷架总成的同时,在电刷架孔中插入一个 $\phi1.0\text{mm}$ 的销。

②如图 3-69 所示,用两个螺钉将电刷架总成安装到发电机线圈上。

③如图 3-70 所示,将销从发电机电刷架中拔出。

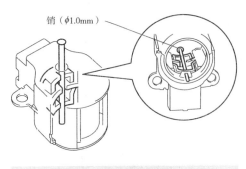

图 3-68　发电机的重新装配(4)

图 3-69　发电机的重新装配(5)

(5) 安装发电机端子绝缘垫。将端子绝缘垫安装到发电机线圈上。注意图 3-71 中所示端子绝缘垫的安装方向。

图 3-70　发电机的重新装配(6)

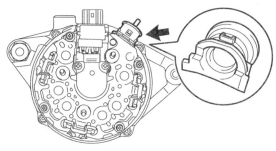

图 3-71　发电机的重新装配(7)

(6) 安装发电机后端盖(见图 3-49)。用 3 个螺母将发电机后端盖安装到发电机线圈上。

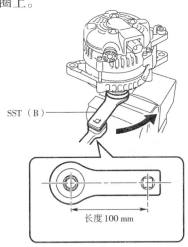

图 3-72　发电机的重新装配(8)

(7) 安装发电机离合器 V 形带轮。

①将离合器 V 形带轮暂时安装到转子轴上。

②设置 SST(A) 和 SST(B)(见图 3-44)。

③将 SST(A) 夹在台虎钳上。将转子轴一端放在 SST(A) 中(见图 3-45)。

④将 SST(B) 安装到离合器 V 形带轮上(见图 3-46)。

⑤按图 3-72 所示方向转动 SST(B),紧固 V 形带轮。

注意:使用力臂长度为 318mm 的扭力扳手。当 SST 与扭力扳手平行时,扭矩值有效。

⑥从 SST 上拆下发电机总成。

⑦检查并确认离合器 V 形带轮旋转平稳。

⑧将一个新的离合器 V 形带轮盖安装到离合器 V 形带轮上。

5 发电机的安装

(1) 安装发电机总成。

①用螺栓安装线束卡夹支架(见图3-42)。

②用2个螺栓暂时安装发电机总成(见图3-41)。

③用螺母将线束安装到端子B并安装端子盖,安装连接器和线束卡夹(见图3-40)。

(2) 安装V形带。

(3) 调整V形带。

(4) 检查V形带。

(5) 安装2号汽缸盖罩。

(6) 安装散热器上空气导流板。

(7) 安装发动机后部右侧底罩。

(8) 将电缆连接到蓄电池负极端子上。

第一部分　理论知识

1. 充电系统作用是_____。将图中充电系统部件名称填入表格中。

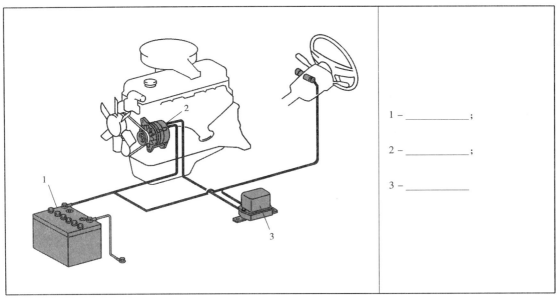

1 - _____;

2 - _____;

3 - _____

2. 发电机的型号为JF152,表示_____。
发电机的型号为JFZ1913Z,表示_____。

3. 将图中交流发电机部件名称填入表格中。

项目三　发电机的构造与维修

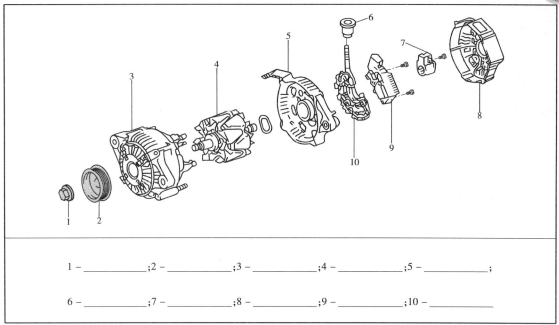

1 - _____;2 - _____;3 - _____;4 - _____;5 - _____;
6 - _____;7 - _____;8 - _____;9 - _____;10 - _____。

4. 交流发电机的转子作用是_____。将图中部件名称填入表格中。

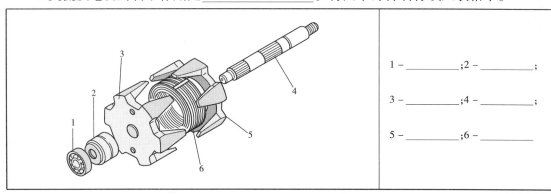

1 - _____;2 - _____;

3 - _____;4 - _____;

5 - _____;6 - _____。

5. 发电机的前、后端盖作用是_____。将图中部件名称填入表格中。

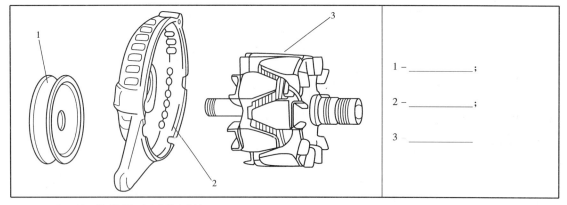

1 - _____;

2 - _____;

3 - _____。

6. 电压调节器的功用作用是_____
FT126C 型电压调节器,该型号的含义是:_____

第二部分 实践操作

1. 检查发电机离合器 V 形带轮。固定 V 形带轮中心,确认外锁环只能逆时针转动而不能顺时针转动。如果结果不符合规定,更换离合器 V 形带轮。

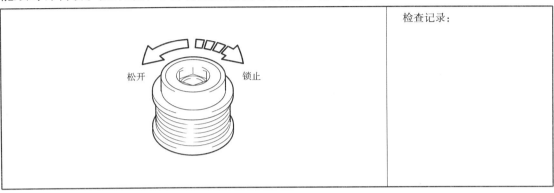

检查记录:

2. 检查发电机电刷架总成。利用游标卡尺测量电刷的外露长度。标准外露长度:9.5~11.5mm,最小外露长度:4.5mm。如果外露长度小于最小值,更换电刷架总成。

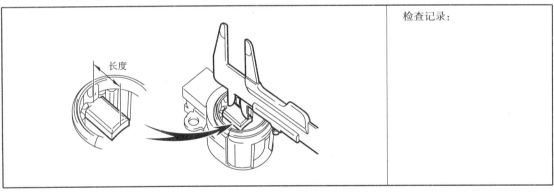

检查记录:

3. 检查发电机转子总成

(1)检查发电机转子是否断路。用欧姆表测量集电环之间的电阻。标准电阻(约20℃):2.3~2.7Ω。如果结果不符合规定,则更换发电机转子总成。

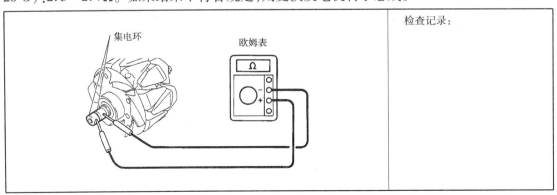

检查记录:

(2)检查转子是否对搭铁短路。使用欧姆表测量其中一个集电环与转子之间的电阻。

项目三 发电机的构造与维修

标准电阻:1MΩ或更大。如果结果不符合规定,则更换发电机转子总成。

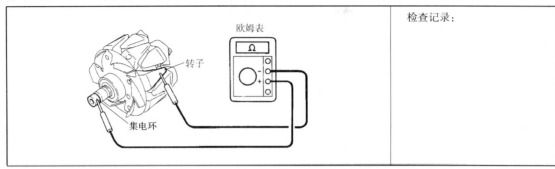

检查记录:

(3)检查并确认发电机转子轴承没有变粗糙或磨损。如有必要,更换发电机转子总成。

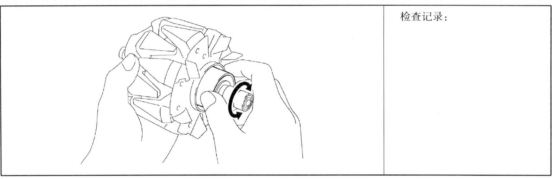

检查记录:

(4)用游标卡尺测量集电环直径。标准直径:14.2~14.4mm,最小直径:14.0mm。如果直径小于最小值,更换发电机转子总成。

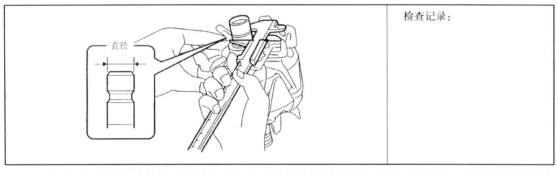

检查记录:

4.检查发电机驱动端端盖轴承。检查并确认轴承没有变粗糙或磨损。如有必要,更换发电机驱动端端盖轴承。

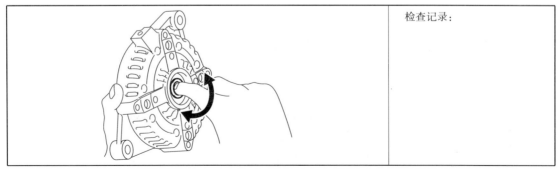

检查记录:

5. 简述发电机的更换方法。

第三部分 评价与反馈

考核项目	评分标准	分 数	学生自评	小组互评	教师评价	小 计
团队合作	是否和谐	5				
活动参与	是否积极主动	5				
安全生产	有无安全隐患	10				
现场5S	是否做到	10				
任务方案	是否合理	15				
操作过程	发电机的拆卸与安装；发电机的拆解与装配；发电机的检查	30				
任务完成情况	是否圆满完成	5				
工具和设备使用	是否规范、标准	10				
劳动纪律	是否能严格遵守	5				
工单填写	是否完整、规范	5				
总 分		100				
教师签名：				年 月 日	得 分	

项目四 起动机的构造与维修

任务一 起动机的认识

一、起动系统的功用及组成

1. 起动系统的作用

汽车发动机必须先靠外力摇转曲轴才能进行正常的工作过程,起动系统的功用就是为起动发动机提供所需要的外力。常用的起动方式有人力和电力两种,人力起动简单,但不方便,劳动强度大,目前只有在部分汽车上作为后备方式而保留着;电力起动操作方便,起动迅速可靠,重复能力强,所以在现代汽车上被广泛应用。

2. 起动系统的组成

如图4-1所示,起动系统主要由蓄电池、起动机、起动继电器、点火开关及相互连接的线束组成。起动机是起动系统中的重要组成部分,可将蓄电池的电能转化为机械能起动发动机。起动继电器是利用较小的电流(3~5A)来控制起动机工作时的大电流(50~300A),以保护点火开关。

二、起动机的组成和类型

1. 起动机的组成

起动机由直流串励式电动机、传动机构和电磁开关三部分组成,如图4-2所示。

（1）直流串励式电动机。直流串励式电动机是将电能转化为机械能的装置，其功用产生发动机起动时所需要的转矩。

（2）电磁开关。电磁开关又称为起动机的控制机构，主要作用是用来控制起动机驱动齿轮与飞轮齿圈的接合与分离，并控制起动机主电路的接通与切断。

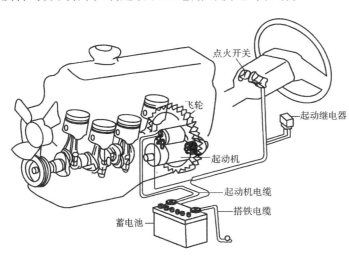

图 4-1　起动系统的组成

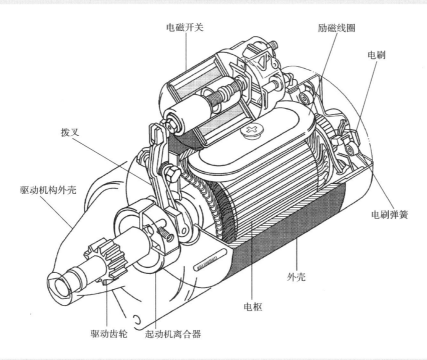

图 4-2　起动机的组成

（3）传动机构。起动机的传动机构在起动发动机时，能自动使起动机小齿轮与飞轮齿圈啮合，在发动机起动后，能使起动机小齿轮自动与飞轮齿圈分离或自行空转，避免起动机因高速运转而损坏。减速型起动机的传动机构中设有减速机构，起减速增矩的作用。起动机小齿轮齿数与飞轮齿圈齿数比为 1∶15～1∶20,即传动比为 15～20∶1。

2 起动机的类型

起动机按照控制方法和传动机构的啮入方式的不同可以分为很多种类。

1)按控制方法分类

(1)机械控制起动机。由脚踏或手拉杠杆联动机构直接控制起动机的主电路开关,来接通或切断起动机主电路。这种方式虽然结构简单、工作可靠,但由于要求起动机、蓄电池靠近驾驶舱,而受安装布局的限制,且操作不便,因此目前已很少采用。

(2)电磁控制起动机。用按钮或钥匙控制电磁铁,再由电磁铁控制主电路开关,以接通或切断起动机主电路。由于装有电磁铁,可进行远距离控制,操作省力,因此现代汽车大都采用这种控制方式。

2)按传动机构啮入方式分

(1)惯性啮合式起动机。起动机旋转时,驱动齿轮借惯性力自动啮入飞轮齿环。其特点是啮合结构简单,不能传递较大转矩,可靠性差,目前已很少使用。

(2)强制啮合式起动机。靠人力或电磁力拉动杠杆,强制拨动驱动齿轮啮入飞轮齿环。其特点是啮合机构简单、动作可靠、操作方便,目前广泛使用。

(3)电枢移动式起动机。靠电磁力使电枢轴向移动,将驱动齿轮啮入齿环。目前广泛应用于大功率柴油发动机上。

(4)减速式起动机。减速起动机采用高速、小型、低力矩电动机,在传动机构中设有减速装置。质量和体积比普通起动机可减少 30%～50%。但结构和工艺比较复杂。

3 起动机的型号

根据国家汽车行业标准《汽车电气设备产品型号编制方法》(QC/T73—1993)的规定,起动机的型号如下:

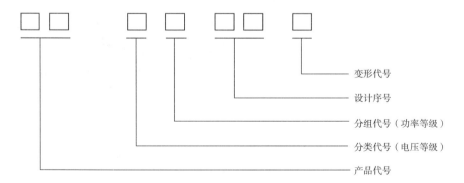

(1)产品代号。起动机产品代号为 QD,其中 Q 表示起,D 表示动,其产品代号有 QD、QDJ、QDY 分别表示起动机、减速起动机及永磁起动机。

(2)电压等级代号。起动机电压等级代号用一位阿拉伯数字表示,1 为 12V,2 为 24V,6 为 6V。

(3)功率等级代号。功率等级代号的含义见表 4-1。

表4-1 起动机的功率等级代号

分组代号	1	2	3	4	5	6	7	8	9
功率等级(kW)	~0.736	(1~2)×0.736	(2~3)×0.736	(3~4)×0.736	(4~5)×0.736	(5~7)×0.736	(7~10)×0.736	(10~15)×0.736	>15×0.736

(4)设计序号。设计序号按产品设计先后顺序,由1~2位阿拉伯数字组成。

(5)变形代号。一般电气参数和结构作某些改变称为变形,以汉语拼音大写字母A、B、C……顺序表示。

例如,QD124表示额定电压为12V、功率为(1~2)×0.736kW,第四次设计的起动机;QD27E表示额定电压为24V、功率为(7~10)×0.736kW,第五次设计的起动机。

三、直流串励式电动机的工作原理及结构

1 直流串励式电动机的工作原理

直流串励式电动机是根据通电导体在磁场中受到电磁力作用而发生运动的原理制成的,其工作原理如图4-3所示。

电动机的电刷与直流电源相接,电流由正电刷和换向片 A 输入,经电枢绕组后从换向片 B 和负电刷流,见图4-3a)。此时绕组中的电流方向为 a→d,由左手定则可以确定导体 ab 受向左的作用力 F_1,cd 受向右的作用力 F_2,且 F_1 与 F_2 相等,整个绕组受到逆时针的转矩作用而转动。当电枢转过半周,见图4-3b),换向片 B 与正电刷接触,换向片 A 则与负电刷接触,绕组中的电流方向变为 d→a,

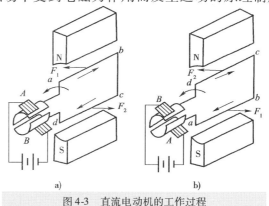

图4-3 直流电动机的工作过程

因而在 N 极和 S 极下面导体中的电流方向总是保持不变,电磁转矩的方向也就不变,使电枢受转矩作用仍按逆时针方向转动。这样在电源连续为电动机供电时,电枢就不停地按同一方向转动。当电动机有负载时,就可以将电源的电能转变为机械能输出。

由于一个线圈产生的转矩太小,转速又不稳定,为了增大电磁转矩和提高电动机运转的平顺性能,实际使用的电动机采用多组电枢绕组和多对磁极。换向片的数量也随绕组匝数的增多而增加。对于结构一定的电动机,由电磁理论可以得出,其电磁转矩的大小与磁极磁通和电枢电流成正比,其数学表达式为:

$$M = C_m \Phi I_a$$

式中: C_m——电机结构常数,取决于电动机的结构;

Φ——磁极磁通;

I_a——电枢电流。

2 直流串励式电动机的结构

直流串励式电动机主要由外壳与磁极、电枢、电刷、换向器、端盖等组成,如图4-4所示。

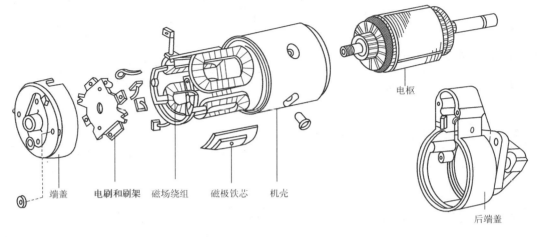

图 4-4　直流电动机的结构

(1) 外壳与磁极。起动机外壳与磁极（又称为起动机磁轭总成）如图 4-5 所示，包括外壳、磁极、磁场线圈等。外壳为软钢制的圆筒，作为磁力线的回路。磁极也是软钢制成，与外壳精密配合，用螺钉固定在外壳上，通常使用 4 个磁极。磁场线圈以扁铜条和绝缘纸绕成，通常使用 4 个磁场线圈，4 个磁场线圈的连接方法主要有两种，一种是 4 个磁场绕组相互串联，另一种是 4 个磁场绕组两两串联后再并联（两串两并），如图 4-6 所示。

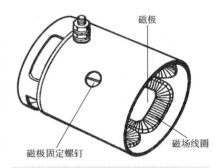

图 4-5　起动机外壳与磁极

(2) 电枢。起动机电枢包括轴、硅钢片叠合成的铁芯、换向器及电枢绕组，如图 4-7 所示。电枢轴上有直槽或螺旋槽，供小齿轮移动用。铁芯的硅钢表面上涂有绝缘油，可以防止涡电流的产生而发热。电枢线圈绕在铁芯上，每一槽中只有两条，以绝缘纸包扎。

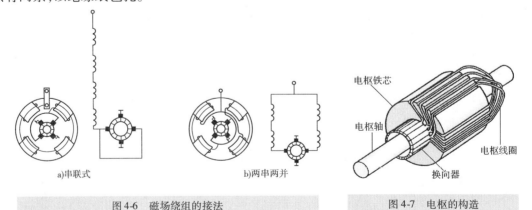

图 4-6　磁场绕组的接法　　　　图 4-7　电枢的构造

换向器的构造如图 4-8 所示，使用铜片以 V 形切槽嵌入绝缘套中，每一铜片间以云母绝缘片隔开，云母片较铜片低 0.5~0.8mm。

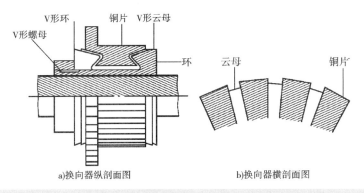

图4-8 换向器的构造

电枢线圈与磁场线圈的连接方式可分串联式、并联式与复联式三种,如图4-9所示。

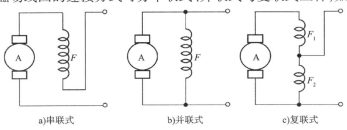

图4-9 电枢线圈与磁场线圈的连接方式

目前,多数起动机采用串联式连接方式,串联式连接方式的起动机具有如下特性:

①在最初摇转发动机时,起动机转速低,电枢产生的逆向电动势较小,使流经起动机的电流量大,产生的转矩大,适合最初起动用。

②当起动机转速升高时,产生的逆向电动势较大,故流经起动机的电流较小,使作用于起动机的电压增加,因此输出转矩降低,适合发动机达到一定转速时的要求,电流与转矩及起动机转速与电流的关系如图4-10所示。

(3)电刷与电刷架。电刷的功用是将直流电引入电枢绕组中,并经搭铁电刷回到蓄电池负极形成闭合电流回路。一般采用4个电刷,两个绝缘电刷和两个搭铁电刷,通过4个电刷架固定在前端盖上,如图4-11所示。电刷由铜与石墨粉压制而成,含铜量达80%左右,因此电刷又称为铜刷,也有称为炭刷。

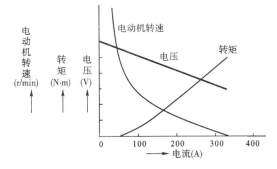

图4-10 电流与转矩及起动机转速与电流的关系

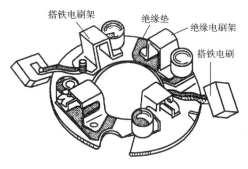

图4-11 电刷及电刷架的结构

（4）端盖。图4-12所示电动机有前后两个端盖。前端盖一般用钢板压制而成，其上装有4个电刷架和电刷弹簧；后端盖为灰铸铁浇制而成。前后端盖靠两个长螺栓与起动机壳紧固在一起，两端盖内均装有青铜石墨轴承衬套或铁基含油轴承衬套。但减速起动机由于电枢轴转速很高，电枢轴承则采用滚柱轴承或滚珠轴承。

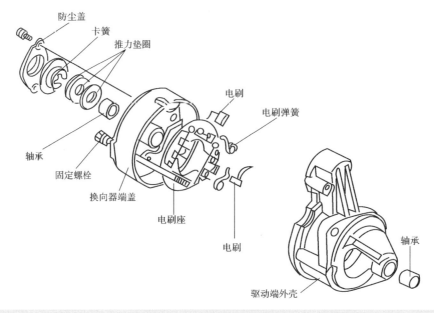

图4-12　前端盖与后端盖的结构

四 电磁开关的结构及工作原理

1 电磁开关的构造

电磁开关的构造如图4-13所示，由吸引线圈、保持线圈、柱塞、复位弹簧及接触片等组成。

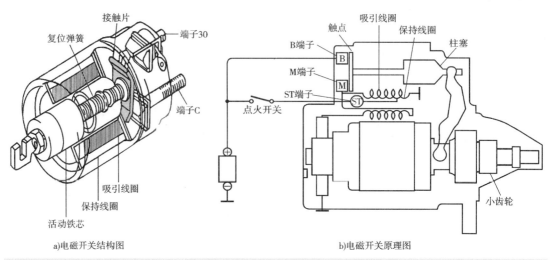

a）电磁开关结构图　　　　b）电磁开关原理图

图4-13　电磁开关的构造

2 电磁开关的功能

电磁开关具有如下功能：
(1) 类似主开关或继电器的功能，允许由蓄电池来的大电流通过，送入起动机。
(2) 拨动起动机驱动小齿轮，控制起动机小齿轮与飞轮齿圈啮合与分离。

3 电磁开关的工作过程

(1) 当点火开关转到"ST"时。如图 4-14 所示，起动发动机时，当点火开关转到"ST"时，蓄电池电流由点火开关"B"端子经点火开关"SS"到起动机电磁开关的"ST"端子。电流分两路，一路经较细的保持线圈（又称并联线圈）到外壳搭铁产生吸力；另一路经较粗的吸引线圈（又称串联线圈），经电磁线圈的 M 端子及起动机磁场线圈与电枢线圈搭铁，使起动机能缓慢旋转，并产生强大的电磁吸力。

(2) 主开关接通时。如图 4-15 所示，保持线圈与吸引线圈的电流方向相同，磁力线相加，产生的强吸力将柱塞吸引到线圈中，柱塞的移动使拨叉将驱动小齿轮拨向飞轮。因起动机电枢缓慢转动，如果轮齿相碰时能很快滑开而使齿轮很容易啮合，齿轮啮合后，电枢因电流小、转矩小，会停止转动。当驱动小齿轮与飞轮啮合完成后，柱塞将电磁开关"B"及"M"两个端子接通，大工作电流由蓄电池经电缆线直接通入起动机，使起动机产生强大转矩摇转发动机。此时吸引线圈两端电压相同而短路，无电流进入，但对保持线圈仍有电流。

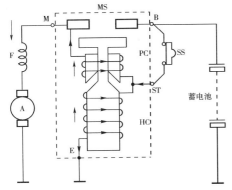

图 4-14 起动开关接通时的工作原理

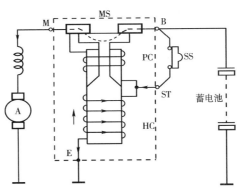

图 4-15 起动机主开关接通时的工作原理

发动机起动后，若点火开关仍在"ST"位置，驱动小齿轮仍与飞轮啮合，飞轮带动小齿轮超越离合器电枢高速空转。

(3) 点火开关复位到"ON"时。发动机起动后，松开点火开关，则点火开关自动由"ST"回到"ON"，此时"ST"的电流切断。因电磁开关"B"、"M"端子已闭合，电流改由"B"端子经"M"端子流入吸引线圈，通过保持线圈后搭铁，此时吸引线圈的电流方向与原来方向相反，而保持线圈的电流方向仍不变，因此吸引与保持两线圈的电流方向相反，产生的磁力互相抵消，如图 4-16 所示。电磁开关的磁力消失后，弹簧将柱塞推出，拨叉将驱动小齿轮拨回到原来位置。

项目四 起动机的构造与维修

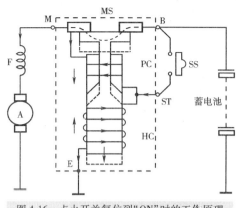

图4-16 点火开关复位到"ON"时的工作原理

五 传动机构的结构及工作原理

1 传动机的工作原理

传动机构的作用是把直流电动机产生的转矩传递给飞轮齿圈,再通过飞轮齿圈把转矩传递给发动机的曲轴,使发动机起动;起动后,飞轮齿圈与驱动齿轮自动打滑脱离。传动机构一般由驱动齿轮、单向离合器、拨叉等组成,其工作过程如图4-17所示。

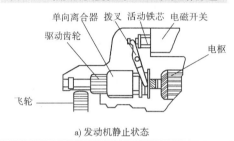
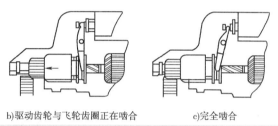

a) 发动机静止状态　　b) 驱动齿轮与飞轮齿圈正在啮合　　c) 完全啮合

图4-17 传动机构的工作过程

2 单向离合器结构及工作原理

单向离合器是传动机构的主要部件,有滚柱式、摩擦片式、弹簧式等几种类型,其中,最常用的是滚柱式单向离合器。

(1) 滚柱式单向离合器的构造。滚柱式单向离合器的构造如图4-18所示。滚柱式单向离合器的驱动齿轮与外壳制成一体,外壳内装有十字块和4套滚柱、压帽和弹簧。十字块与花键套筒固定连接,传动套筒内侧带键槽,套在电枢轴的花键部位上。滚柱式单向离合器通过改变滚柱在楔槽中的位置来实现分离和接合,以实现起动机驱动发动机,而发动机不能驱动起动机的单向传递动力的作用。滚柱式单向离合器齿轮啮合稳定,且磨损少,为目前汽油机起动机使用最多的类型。

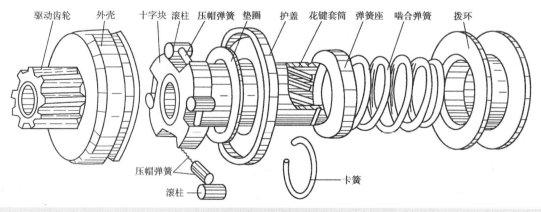

图4-18 滚柱式单向离合器的结构

（2）滚柱式单向离合器的工作过程。滚柱式单向离合器的工作过程如图4-19所示。小齿轮与单向离合器的内圈制成一体为从动件，起动时动力传递顺序为电枢轴→空心轴→离合器外壳→离合器内圈→小齿轮，如图4-19a）所示；发动机起动后，小齿轮转速大于电枢轴转速，小齿轮为主动件，滚柱移到斜沟较宽处，离合器分离，只有小齿轮空转，动力不会传到电枢轴，如图4-19b）所示。

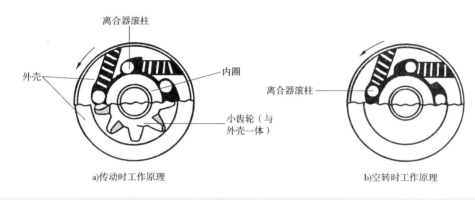

图4-19 滚柱式单向离合器工作原理

六、减速型起动机结构及工作原理

现代汽油发动机多已采用减速型起动机。与普通传统式起动机相比，其最大特点为小型化、轻量化及高转矩。但起动机小型化会造成散热不良，故将导线接头的锡焊改为铜焊，甚至将铜焊改为熔接方式，绝缘材料使用高耐热材料。而电枢线圈导线数的减少，使起动机小型化且高速化，高转速时转矩小，所以需用减速齿轮，使转矩增大。

减速型起动机可分减速齿轮组式与行星齿轮组式两种。

1 减速齿轮组式减速型起动机的构造

减速齿轮组式减速型起动机的构造如图4-20所示，在电枢轴上的惰轮驱动离合器轴上的较大齿轮，为第一次减速，减速比约为3∶1；离合器轴上的小齿轮驱动飞轮齿圈时，为第二次减速。总减速比约为45∶1，以提供较高的旋转转矩。

2 行星齿轮组式减速型起动机的构造

行星齿轮组式减速起动机没有减速齿轮组式起动机的惰齿轮，而是将转速在同轴上减速，可在狭窄处做大幅度减速，因此更小型、轻量化。第一次减速比约为5∶1，总减速比约为70∶1，如图4-21所示。

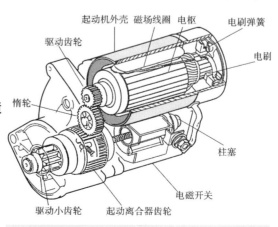

图4-20 减速齿轮组式减速型起动机的构造

项目四 起动机的构造与维修

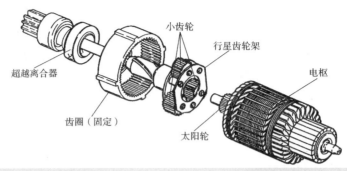

图 4-21 行星齿轮组式减速型起动机的构造

3 减速型起动机的工作原理

（1）起动开关在"ST"位置时。当起动开关转到"ST"位置时，电流经 ST 端子流进吸引线圈与保持线圈，流进吸引线圈的电流，经 M 端子进入磁场线圈与电枢线圈，如图 4-22 所示。由于吸引线圈的磁化作用导致电压降，使流入磁场线圈及电枢线圈的电流变小，故起动机只以低速转动，其电流流动方向如下：

蓄电池 → 起动开关 → ST端子 → 保持线圈 → 搭铁

蓄电池 → 起动开关 → ST端子 → 吸引线圈 → M端子 → 磁场线圈 → 电枢 → 搭铁

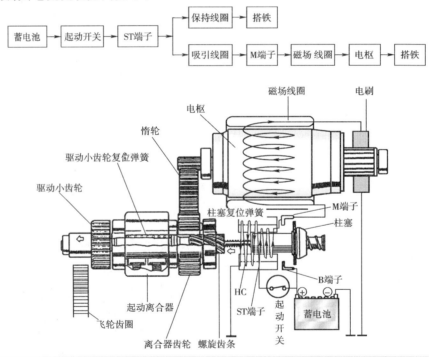

图 4-22 起动开关在"ST"位置时的工作原理

此时保持与吸引线圈所建立的磁场，克服柱塞复位弹簧的弹力，使柱塞向左移动，驱动小齿轮因此被向左推与飞轮齿圈啮合。由于起动机转速慢，故可顺利啮合，且螺旋齿条也有帮助平顺啮合的作用。

当驱动小齿轮与飞轮齿圈完全啮合后，柱塞左侧的接触片使端子 M 与端子 B 接通，大工作电流流入起动机，使起动机高速旋转，如图 4-23 所示。而此时吸引线圈两端的电压相同而短路，电流不再流入，柱塞仅靠保持线圈的磁力保持在最左边的位置，其电流流动方向如下：

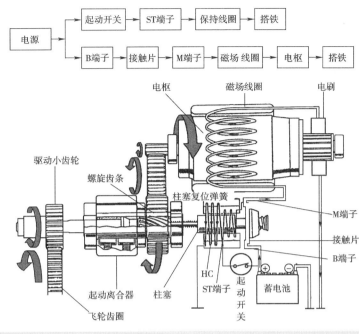

图4-23 主开关接通时的工作原理

（2）松开起动开关时。松开起动开关时，点火开关回到"ON"挡位，此时，ST端子电流切断，但主开关仍接通，因此电流由M端子经吸引线圈到保持线圈，吸引线圈与保持线圈的电流方向相反，磁力互相抵消，柱塞被复位弹簧推回右侧，因此主开关通过的大工作电流被切断，驱动小齿轮也与飞轮齿圈分离，如图4-24所示，其电流流动方向如下：

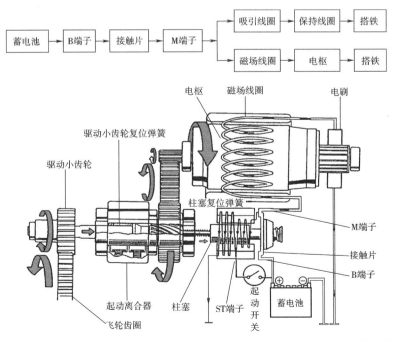

图4-24 起动开关回到"ON"位置时的工作原理

七 起动系统控制电路

起动系统控制电路可分为无起动继电器控制式、带起动继电器控制式、带空挡起动开关或离合器起动开关控制式三种。

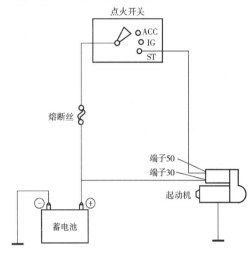

1 无起动继电器控制的起动机控制电路

无起动继电器控制的起动机控制电路如图4-25所示。

2 有起动继电器控制的起动机控制电路

有起动继电器控制的起动机控制电路如图4-26所示。

3 带空挡起动开关或离合器起动开关的起动机控制电路

带空挡起动开关或离合器起动开关控制的起动机控制电路如图4-27所示。

图4-25 无起动继电器的电路

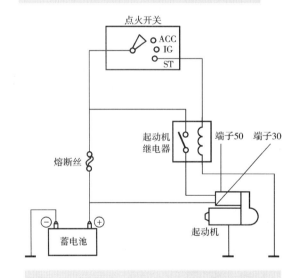

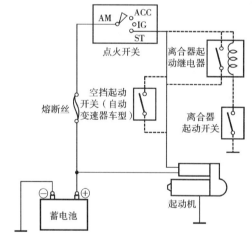

图4-26 有起动继电器的电路

图4-27 带空挡起动开关或离合器起动开关控制的起动机控制电路

在装用自动变速器的汽车需安装起动安全开关（又称为抑制开关），起动安全开关是一种常开开关，是防止变速器不在空挡或发动机运转中，起动系统突然产生作用而发生危险或损坏齿轮的安全装置。起动安全开关串接在起动继电器控制电路中，使起动电路必须选择在空挡 N 或驻车挡 P 时才能作用。

有些装用手动变速器的汽车，装用离合器起动开关，起到起动安全保护的作用。起动时只有踩下离合器踏板，使离合器开关接合，起动机才能起动，以防止变速器不在空挡时起动发动机发生危险。离合器起动开关串接在起动继电器控制电路中,只有当离合器起动开关接通时,离合器起动继电器线圈通电,触点闭合,才能使起动线路接通。

任务二 点火开关的检查与更换

一 实训准备

1 实训器材

(1)数字万用表(图4-28)。
(2)其他工具及器材:卡罗拉轿车(见图3-31)、举升机(见图2-15)、组合工具(见图2-31)、扭力扳手、螺丝刀、梅花套筒(T30)、SST(09953-05020)、润滑脂、转向盘护套、变速杆手柄套、座位套、脚垫、翼子板和前格栅磁力护裙等。

2 准备工作

(1)汽车进入工位前,将工位清理干净,准备好相关的器材。

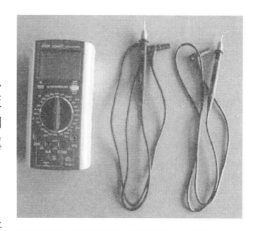

图4-28 数字万用表

(2)将汽车停驻在举升机中央位置(见图3-32)。
(3)拉紧驻车制动器操纵杆(见图3-33),并将变速杆置于空挡位置。
(4)套上转向盘护套(见图3-34)、变速杆手柄套和座位套,铺设脚垫。
(5)在车内拉动发动机舱盖手柄(见图3-35)。
(6)在车外打开并支撑发动机舱盖(见图3-36)。
(7)粘贴翼子板和前格栅磁力护裙(见图3-37)。

二 点火开关的检查与更换

拆装点火开关相关部件分解图如图4-29所示。

1 点火开关的拆卸

(1)使前轮对准正前位置。
(2)断开蓄电池负极端子的电缆。注意:从蓄电池负极上断开电缆后,至少要等待90s,以防止安全气囊和安全带预紧器激活。
(3)拆卸1号仪表板底罩分总成。
①如图4-30所示,拆下两个螺钉。
②如图4-31所示,脱开卡爪,脱开导销,拆下仪表板1号底罩分总成。

项目四 起动机的构造与维修

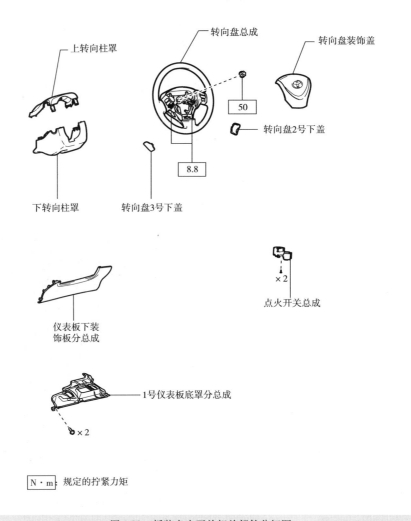

图 4-29 拆装点火开关相关部件分解图

（4）拆卸仪表板下装饰板分总成。如图 4-32 所示，脱开 5 个卡爪、两个导销和两个卡子，并拆下仪表板下装饰板分总成。

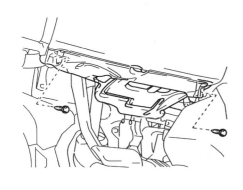

图 4-30 拆卸仪表板 1 号底罩分总成(1)

（5）拆卸转向盘 3 号下盖。如图 4-33 所示，使用头部缠有保护性胶带的螺丝刀，脱开卡爪并拆下转向盘 3 号下盖。

（6）拆卸转向盘 2 号下盖。如图 4-34 所示，使用头部缠有保护性胶带的螺丝刀，脱开卡爪并拆下转向盘 2 号下盖。

（7）拆卸转向盘装饰盖。

①如图 4-35 所示，使用梅花套筒（T30），松开 2 个"TORX"梅花螺钉，直至螺钉边沿的凹槽与螺钉座齐平。

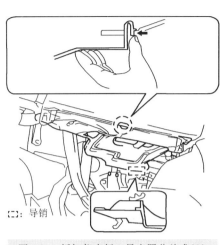

图4-31 拆卸仪表板1号底罩分总成(2)

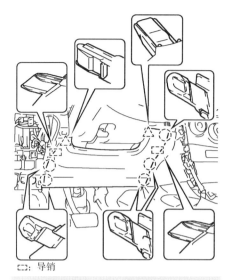

图4-32 拆卸仪表板下装饰板分总成

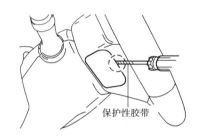

图4-33 拆卸转向盘3号下盖

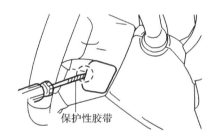

图4-34 拆卸转向盘2号下盖

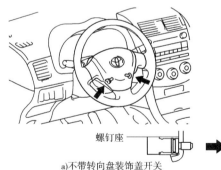

a) 不带转向盘装饰盖开关　　　　　b) 带转向盘装饰盖开关

图4-35 拆卸转向盘装饰盖(1)

②如图4-36所示,从转向盘总成中拉出转向盘装饰盖,并用一只手支撑转向盘装饰盖。

注意:拆下转向盘装饰盖时,不要拉动气囊线束。

(8)拆卸转向盘总成。

①如图4-37所示,拆下转向盘总成固定螺母,并在转向盘总成和转向主轴上做装配标记,将连接器从螺旋电缆上断开。

项目四 起动机的构造与维修

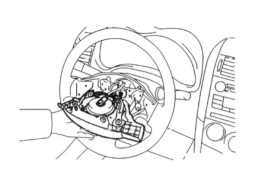

图 4-36 拆卸转向盘装饰盖(2)

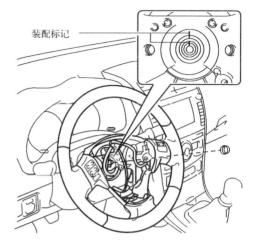

图 4-37 拆卸转向盘总成(1)

②如图 4-38 所示,使用 SST 拆下转向盘总成。

注意:使用前在 SST(09953-05020)的螺纹和顶部涂抹一层润滑脂。

(9)拆卸下转向柱罩。

①如图 4-39 所示,拉动下转向柱罩的左右两侧,并脱开 4 个卡爪。

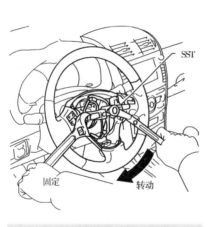

图 4-38 拆卸转向盘总成(2)

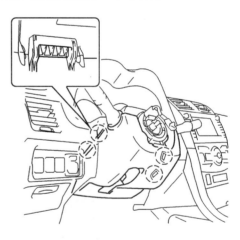

图 4-39 下转向柱罩拆卸(1)

②如图 4-40 所示,将手指插入下转向柱罩斜度调节杆的开口处以脱开卡爪。

注意:展开卡爪以使其脱开。

③如图 4-41 所示,转动下转向柱罩以脱开两个卡爪并拆下下转向柱罩。

(10)拆卸上转向柱罩。脱开卡爪和两个销并拆下上转向柱罩,如图 4-42 所示。

(11)拆卸点火开关总成。

①如图 4-43 所示,拆下两个螺钉和点火开关。

②如图 4-44 所示,断开连接器。将连接器卡夹从点火开关上断开。

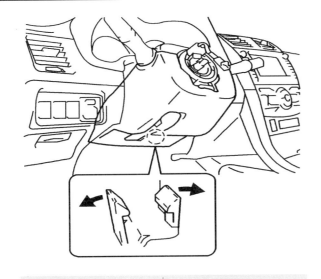

图 4-40　下转向柱罩拆卸(2)

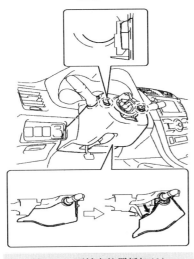

图 4-41　下转向柱罩拆卸(3)

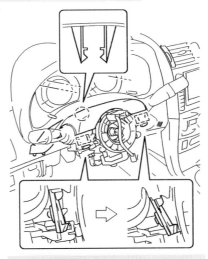

图 4-42　拆卸上转向柱罩

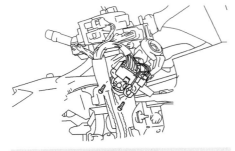

图 4-43　点火开关的拆卸(1)

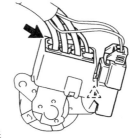

△：卡夹

图 4-44　点火开关的拆卸(2)

2 点火开关的检查

如图 4-45 所示,用万用表测量该开关各端子之间的电阻。标准电阻应符合表 4-2 中的

项目四 起动机的构造与维修

规定。如果结果不符合规定,更换开关总成。

点火开关各端子之间的电阻值　　　　表 4-2

检测仪连接	开关状态	规定状态
所有端子之间 AM1(E4-2)-ACC(E4-3)	LOCK ACC	10kΩ 或更大 小于 1Ω
AM1(E4-2)-ACC(E4-3) AM1(E4-2)-IG1(E4-4) IG2(E4-6)-AM2(E4-7)	ON	小于 1Ω
ST1(E4-1)-AM1(E4-2) ST1(E4-1)-IG1(E4-4) IG2(E4-6)-AM2(E4-7) IG2(E4-6)-ST2(E4-8)	START	小于 1Ω

3 点火开关的安装

(1)安装点火开关总成(见图 4-44 和图 4-43)。用两个螺钉安装点火开关。连接连接器。将连接器卡夹安装到点火开关上。

(2)安装上转向柱罩(见图 4-42)。

(3)安装下转向柱罩(见图 4-41~图 4-39)。

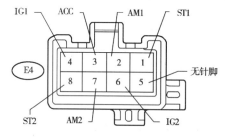

图 4-45　测量该开关各端子之间的电阻

(4)调整螺旋电缆。

(5)安装转向盘总成(见图 4-38 和图 4-37)。

(6)安装转向盘装饰盖(见图 4-36 和图 4-35)。

(7)安装转向盘 2 号下盖(见图 4-34)。

(8)安装转向盘 3 号下盖(见图 4-33)。

(9)检查转向盘装饰盖。

(10)检查转向盘中心点。

(11)安装仪表板下装饰板分总成(见图 4-32)。

(12)安装 1 号仪表板底罩分总成(见图 4-31 和图 4-30)。

(13)连接蓄电池负极电缆。

(14)检查 SRS 警告灯。

任务三　起动机的检查与更换

一 实训准备

1 实训器材

(1)百分表及座(图 4-46)。

(2)游标卡尺(图4-47)。

图4-46 百分表及座

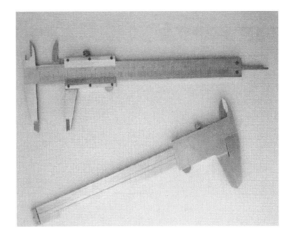

图4-47 游标卡尺

(3)台虎钳(图4-48)。
(4)其他工具及器材:卡罗拉轿车(见图3-31)、举升机(见图2-15)、组合工具(见图2-31)、数字万用表(见图4-28)、扭力扳手、钳子、螺丝刀、砂纸(400号)、润滑脂、转向盘护套、变速杆手柄套、座位套、脚垫、翼子板和前格栅磁力护裙等。

2 准备工作

(1)汽车进入工位前,将工位清理干净,准备好相关的器材。
(2)将汽车停驻在举升机中央位置(见图3-32)。

图4-48 台虎钳

(3)拉紧驻车制动器操纵杆(见图3-33),并将变速杆置于空挡位置。
(4)套上转向盘护套(见图3-34)、变速杆手柄套和座位套,铺设脚垫。
(5)在车内拉动发动机舱盖手柄(见图3-35)。
(6)在车外打开并支撑发动机舱盖(见图3-36)。
(7)粘贴翼子板和前格栅磁力护裙(见图3-37)。

二、起动机的检查与更换

拆装起动机相关部件的分解图如图4-49所示,起动机分解图如图4-50所示。

项目四　起动机的构造与维修

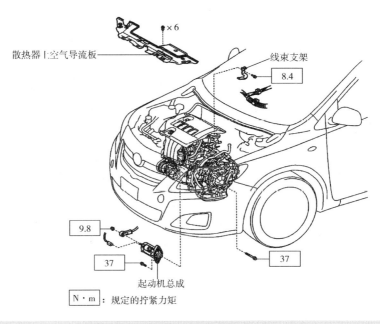

图 4-49　拆装起动机相关部件的分解图

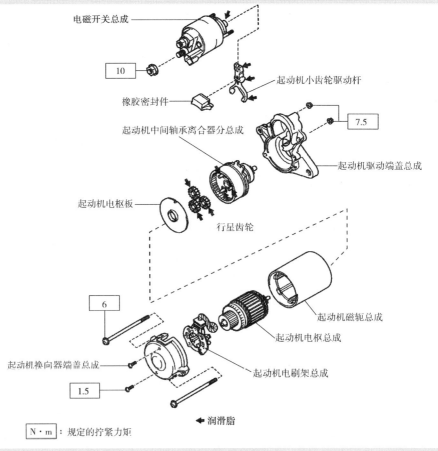

图 4-50　起动机分解图

1 起动机的拆卸

（1）断开蓄电池负极端子的电缆。

（2）拆卸散热器上空气导流板。

（3）拆卸起动机总成。如图 4-51 所示，分离 2 个线束卡夹。拆下螺栓和线束支架。拆下端子盖。拆下螺母并断开端子 30。断开连接器。拆下 2 个螺栓并拆下起动机总成。

2 起动机的拆解

（1）拆卸电磁开关总成。

①如图 4-52 所示，拆下螺母，然后从电磁开关总成上断开引线。

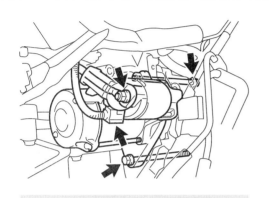
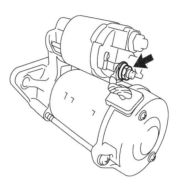

图 4-51　起动机的拆卸　　　图 4-52　起动机的拆解（1）

②如图 4-53 所示，固定电磁开关总成时，从起动机驱动端盖总成上拆下两个螺母。

③如图 4-54 所示，拉出电磁开关总成，并且在提起电磁开关总成前部时，从驱动杆和电磁开关总成上松开铁芯挂钩。

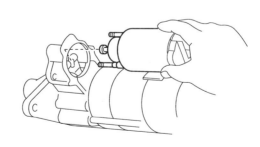

图 4-53　起动机的拆解（2）　　　图 4-54　起动机的拆解（3）

（2）拆卸起动机磁轭总成。

①如图 4-55 所示，拆下两个螺钉。

②如图 4-56 所示，将起动机磁轭和起动机换向器端架总成一起拉出。

③如图 4-57 所示，从起动机换向器端架总成上拉出起动机磁轭总成。

（3）拆卸起动机电枢总成。如图 4-58 所示，从起动机磁轭总成上拆下起动机电枢总成。

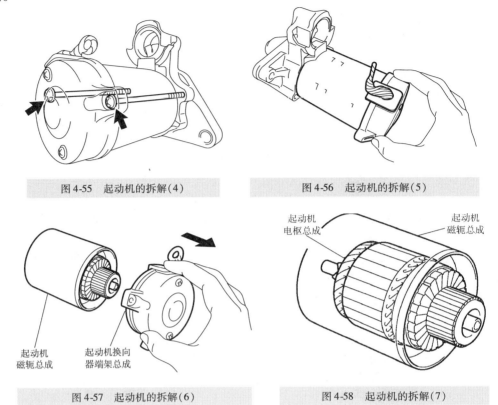

图4-55 起动机的拆解(4)　　图4-56 起动机的拆解(5)

图4-57 起动机的拆解(6)　　图4-58 起动机的拆解(7)

(4)拆卸起动机电枢板。如图4-59所示,从起动机驱动端盖总成或起动机磁轭总成上拆下电枢板。

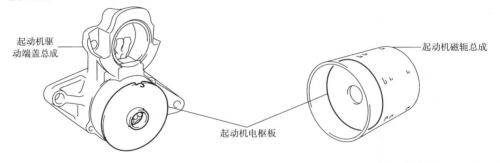

图4-59 起动机的拆解(8)

(5)拆卸起动机电刷架总成。
①如图4-60所示,从起动机换向端架总成上拆下两个螺钉。
②如图4-61所示,拆下卡夹卡爪,然后从起动机换向器端架总成上拆下电刷架总成。
(6)拆卸行星齿轮。如图4-62所示,从起动机中间轴承离合器分总成上拆下3个行星齿轮。
(7)拆卸起动机中间轴承离合器分总成。如图4-63所示,从起动机驱动端盖总成上拆下带起动机小齿轮驱动杆的起动机中间轴承离合器分总成。拆下起动机中间轴承离合器分总成、橡胶密封件和起动机小齿轮驱动杆。

图4-60 起动机的拆解(9)

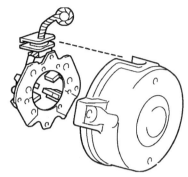

图4-61 起动机的拆解(10)

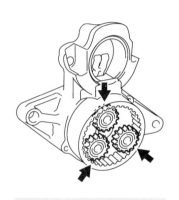

图4-62 起动机的拆解(11)

图4-63 起动机的拆解(12)

3 起动机的检查

（1）检查起动机总成。

注意：在3~5s内执行如下测试。

①将起动机固定在台虎钳上。

②执行吸引动作测试。如图4-64所示。拆下起动机"C"端子上的电缆引线；用带夹子的电缆将起动机"C"端子、电磁开关的壳体与蓄电池的负极相连；用带夹子的电缆将起动机"50"端子与蓄电池正极连接，驱动齿轮应向外移动；若不移动，说明电磁开关有故障，应进行修理或更换。

③执行保持动作测试。当驱动齿轮保持在伸出位置时，拆下起动机"C"端子上的电缆引线，如图4-65所示，此时驱动齿轮应保持在伸出位置不动，若驱动齿轮复位，说明保持线圈断路，应进行维修。

④驱动小齿轮的退回情况的检查。在保持动作的基础上，拆下起动机壳体上的电缆夹，如图4-66所示，拆开起动电机外壳的搭铁线。若驱动小齿轮未立刻退回，应检查复位弹簧及柱塞等。

⑤执行无负荷操作测试。连接励磁线圈引线至端子C（拧紧力矩：10N·m），将起动机夹在台虎钳中。如图4-67所示，将蓄电池和电流表连接到起动机上。检查并确认电流表指

示电流符合规定。蓄电池正极端子分别与端子30、端子50之间的标准电流(电压到少为11.5V):小于90A。如果结果不符合规定,更换起动机总成。

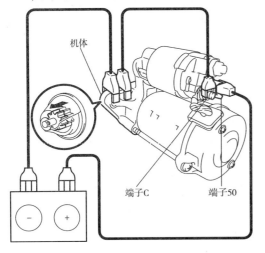

图4-64 起动机吸引动作测试　　　　图4-65 起动机保持动作的测试

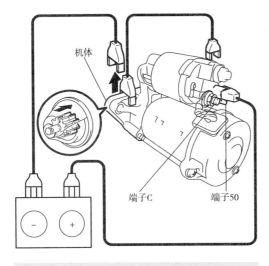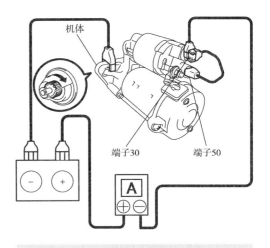

图4-66 驱动小齿轮的退回检查　　　　图4-67 执行无负荷操作测试

(2)检查电磁开关总成。

①检查铁芯。如图4-68所示,推入铁芯,然后检查并确认其是否能够迅速复位到初始位置。如有必要,更换电磁开关总成。

②检查吸引线圈是否断路。如图4-69所示,用万用表测量端子50和端子C间的电阻。标准电阻:小于1Ω。如果不符合标准,更换电磁开关总成。

③检查保持线圈是否断路。如图4-70所示,使用万用表测量端子50与开关壳体之间的电阻。标准电阻:小于2Ω。如果不符合标准,更换电磁开关总成。

(3)检查起动机电枢总成。

①检查换向器是否断路。如图4-71所示,使用万用表测量换向器整流子片间的电阻。

标准电阻:小于1Ω。如果不符合标准,更换起动机电枢总成。

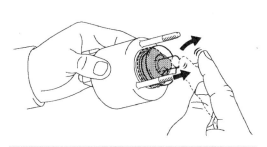

图4-68 检查铁芯

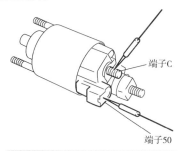

图4-69 检查吸引线圈是否断路

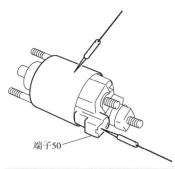

图4-70 检查保持线圈是否断路

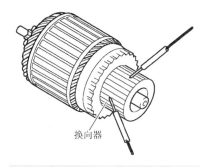

图4-71 检查换向器是否断路

②检查换向器是否对搭铁短路。如图4-72所示,使用万用表测量换向器和电枢线圈间的电阻。标准电阻:10kΩ或更大。如果不符合标准,更换起动机电枢总成。

③检查外观。如果表面脏污或烧坏,用砂纸(400号)或在车床上修复表面。

④检查换向器径向圆跳动。如图4-73所示,将换向器放在V形块上。用百分表测量径向圆跳动。标准径向圆跳动:0.02mm;最大径向圆跳动:0.05mm。如果径向圆跳动大于最大值,则更换电枢总成。

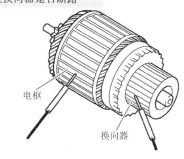

图4-72 检查换向器是否对搭铁短路

⑤换向器直径的检查。如图4-74所示,用游标卡尺测量换向器直径。标准直径:29.0mm;最小直径:28.0mm。如果直径小于最小值,则更换电枢总成。

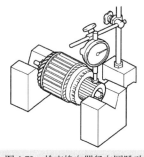

图4-73 检查换向器径向圆跳动

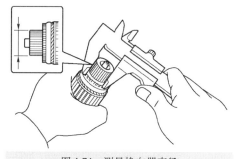

图4-74 测量换向器直径

（4）检查起动机电刷架总成。

①拆下弹簧卡爪，然后拆下 4 个电刷。

②如图 4-75 所示，用游标卡尺测量电刷长度。标准长度：14.4mm；最小长度：9.0mm。如果长度小于最小值，更换起动机电刷架总成。

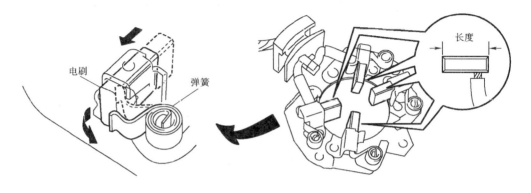

图 4-75　测量电刷长度

③检查电刷架。用万用表测量电刷间的电阻（图 4-76）。标准电阻应符合表 4-3 中的规定。如果不符合标准，更换起动机电刷架总成。

电刷间的电阻标准　　　　　　　　　　　　　　　表 4-3

检测仪连接	规 定 状 态	检测仪连接	规 定 状 态
A-B	10kΩ 或更大	B-C	小于 1Ω
A-C	10kΩ 或更大	B-D	10kΩ 或更大
A-D	小于 1Ω	C-D	10kΩ 或更大

（5）检查起动机中间轴承离合器分总成。

①检查行星齿轮的轮齿、内齿轮和起动机离合器是否磨损并损坏。如果损坏，更换齿轮或离合器总成。还要检查行星齿轮是否磨损或损坏。

②如图 4-77 所示，检查起动机离合器。顺时针转动离合器小齿轮，检查并确认其自由转动。尝试逆时针转动离合器小齿轮，检查并确认其锁止。如有必要，则更换起动机中间轴承离合器分总成。

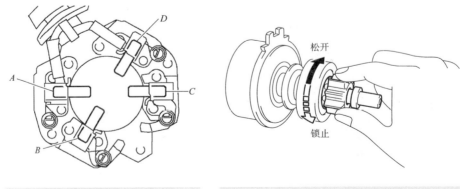

图 4-76　测量电刷间的电阻　　　　　　　　图 4-77　检查起动机离合器

4 起动机的重新装配

（1）安装起动机中间轴承离合器分总成。如图4-78所示，将润滑脂涂抹到起动机小齿轮驱动杆与起动机小齿轮驱动杆的起动机枢轴的接触部分。将起动机小齿轮驱动杆和橡胶密封件安装至起动机中间轴承离合器分总成。将起动机中间轴承离合器和起动机小齿轮驱动杆一起安装至起动机驱动端盖总成。

（2）安装行星齿轮。如图4-79所示，在行星齿轮和行星轴销部位涂抹润滑脂。安装3个行星齿轮。

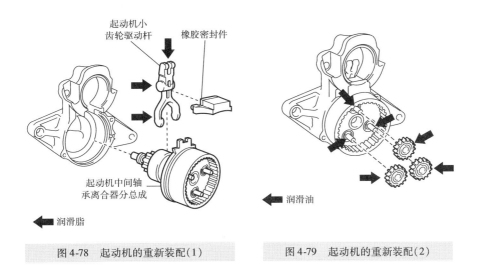

图4-78　起动机的重新装配(1)　　　图4-79　起动机的重新装配(2)

（3）安装起动机电刷架总成。

①如图4-80所示，安装电刷架。用螺丝刀抵住电刷弹簧，并将4个电刷安装到电刷架上。

②如图4-81所示，将密封垫插入正极（＋）和负极（－）之间。

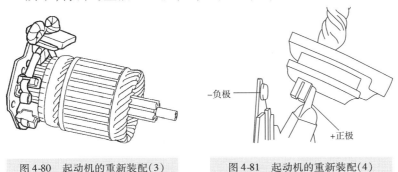

图4-80　起动机的重新装配(3)　　　图4-81　起动机的重新装配(4)

（4）安装起动机换向器端盖总成。

①如图4-82所示，将电刷架卡夹装配到起动机换向器端架总成上。

②如图4-83所示，用两个螺钉安装换向器端架。

（5）安装起动机电枢总成。如图4-84所示，将橡胶件对准起动机磁轭总成的凹槽。将带电刷架的起动机电枢安装到起动机磁轭总成上。

注意：支撑起动机电枢，以防起动机磁轭总成的磁力将其从起动机电刷架中拉出。

(6) 安装起动机电枢板。如图4-85所示，将起动机电枢板安装至起动机磁轭总成。安装起动机板，使键槽位于键A和键B之间。

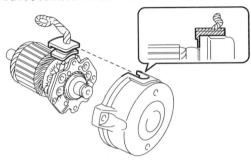

图4-82 起动机的重新装配(5)

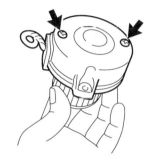

图4-83 起动机的重新装配(6)

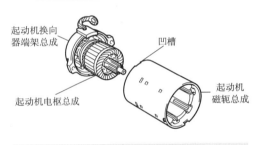

图4-84 起动机的重新装配(7)

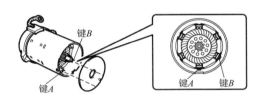

图4-85 起动机的重新装配(8)

(7) 安装起动机磁轭总成。

①如图4-86所示，将起动机磁轭键对准位于起动机驱动端盖总成上的键槽。

②用两个螺钉安装起动机磁轭总成(见图4-55)。

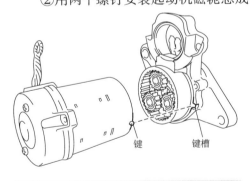

图4-86 起动机的重新装配(9)

(8) 安装电磁开关总成。

①在铁芯挂钩上涂抹润滑脂。

②将电磁开关总成的铁芯从上侧接合到驱动杆上(见图4-54)。

③用两个螺母安装电磁开关总成(见图4-53)。

④将引线连接至电磁开关，然后用螺母紧固(见图4-52)。

5 起动机的安装

(1) 安装起动机总成(见图4-51)。用两个螺栓安装起动机总成。连接连接器。用螺母连接端子30。合上端子盖，用螺栓安装线束支架。安装两个线束卡夹。

(2) 安装散热器上空气导流板。

(3) 将电缆连接到蓄电池负极端子上。

工作页

第一部分 理论知识

1. 起动系统作用是_____。将图中部件名称填入表格中。

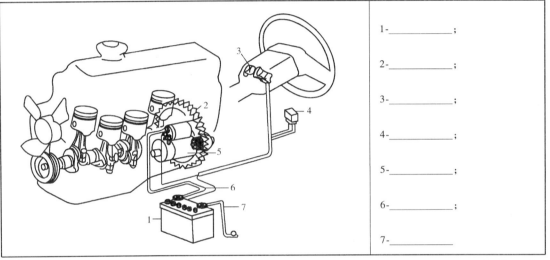

1-_____；

2-_____；

3-_____；

4-_____；

5-_____；

6-_____；

7-_____

2. 起动机由_____、_____和_____三部分组成。将图中部件名称填入表格中。

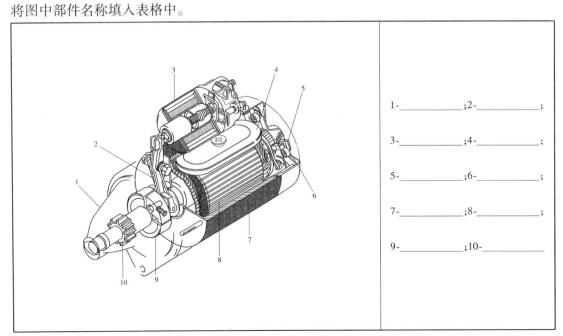

1-_____;2-_____;

3-_____;4-_____;

5-_____;6-_____;

7-_____;8-_____;

9-_____;10-_____

3. 起动机型号为 QD124,它表示：_____。

起动机型号为 QD27E,它表示 _____。

4. 将图中直流串励式电动机部件名称填入表格中。

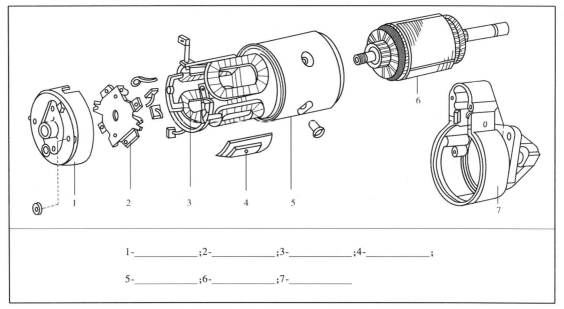

1-_____;2-_____;3-_____;4-_____;
5-_____;6-_____;7-_____

5. 将图中电磁开关部件名称填入表格中。

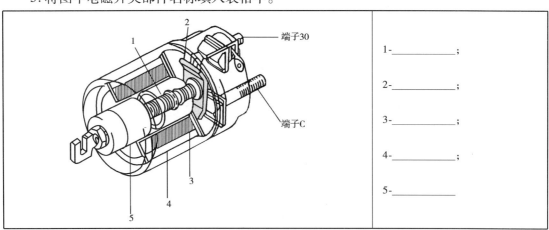

1-_____;

2-_____;

3-_____;

4-_____;

5-_____

6. 将图中起动机传动机构部件名称填入表格中。

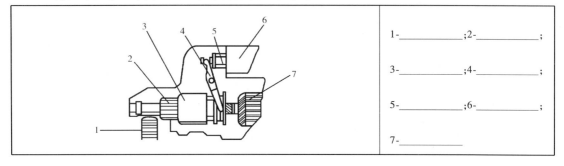

1-_____;2-_____;

3-_____;4-_____;

5-_____;6-_____;

7-_____

7. 将图中滚柱式单向离合器部件名称填入表格中。

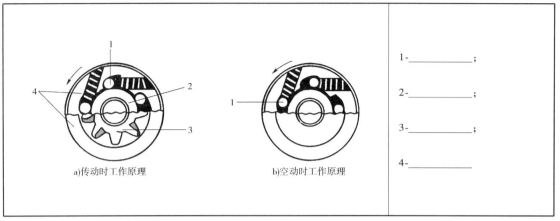

1-_____；

2-_____；

3-_____；

4-_____。

8. 将图中行星齿轮组式减速起动机部件名称填入表格中。

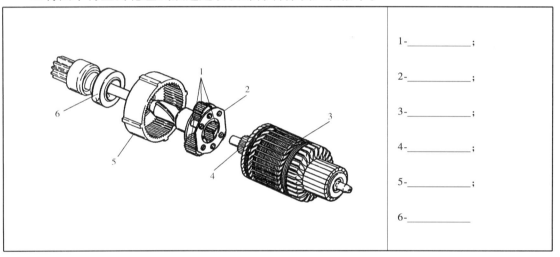

1-_____；

2-_____；

3-_____；

4-_____；

5-_____；

6-_____。

第二部分 实 践 操 作

1. 简述点火开关的更换方法。

2. 点火开关的检查。用万用表测量下图开关各端子之间的电阻。标准电阻应符合下表

项目四　起动机的构造与维修

中的规定。如果结果不符合规定,更换开关总成。

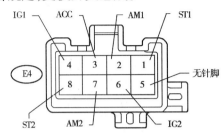

点火开关各端子之间的电阻值

检测仪连接	开关状态	规定状态
所有端子之间	LOCK	10kΩ 或更大
AM1(E4-2)-ACC(E4-3)	ACC	小于1Ω
AM1(E4-2)-ACC(E4-3) AM1(E4-2)-IG1(E4-4) IG2(E4-6)-AM2(E4-7)	ON	小于1Ω
ST1(E4-1)-AM1(E4-2) ST1(E4-1)-IG1(E4-4) IG2(E4-6)-AM2(E4-7) IG2(E4-6)-ST2(E4-8)	START	小于1Ω

检查记录:_____。

3. 起动机吸引动作的测试。拆下起动机"C"端子上的电缆引线;用带夹子的电缆将起动机"C"端子、电磁开关的壳体与蓄电池的负极相连;用带夹子的电缆将起动机"50"端子与蓄电池正极连接,驱动齿轮应向外移动;若不移动,说明电磁开关有故障,应进行修理或更换。

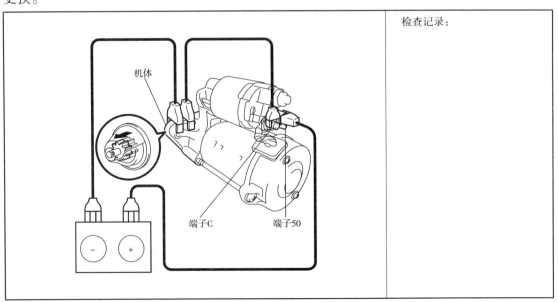

检查记录:

4. 执行保持动作测试。当驱动齿轮保持在伸出位置时，拆下起动机"C"端子上的电缆引线，此时驱动齿轮应保持在伸出位置不动，若驱动齿轮复位，说明保持线圈断路，应进行维修。

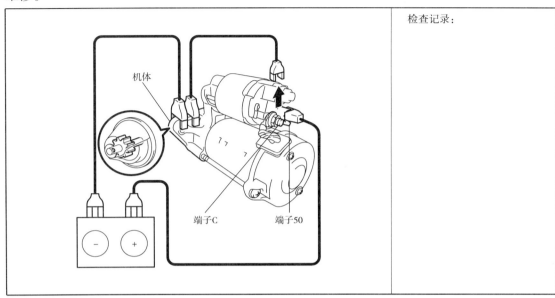

检查记录：

5. 驱动小齿轮的退回情况的检查。在保持动作的基础上，拆下起动机壳体上的电缆夹，拆开起动电机外壳的搭铁线。若驱动小齿轮未立刻退回，应检查复位弹簧及柱塞等。

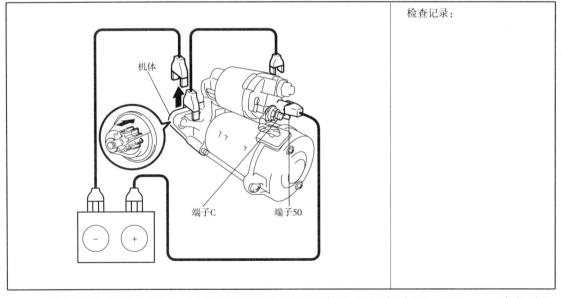

检查记录：

6. 执行无负荷操作测试。连接励磁线圈引线至端子C（拧紧力矩：10N·m），将起动机夹在台虎钳中。将蓄电池和电流表连接到起动机上。检查并确认电流表指示电流符合规定。蓄电池正极端子分别与端子30、端子50之间的标准电流（电压至少为11.5V）应小于90A。如果结果不符合规定，更换起动机总成。

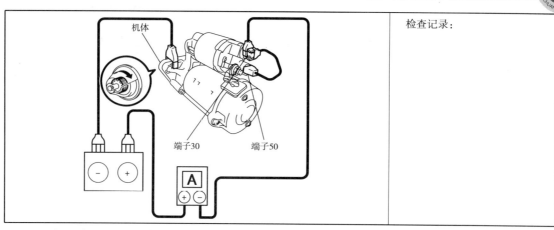

7. 检查铁芯。推入铁芯,然后检查并确认其是否能够迅速复位到初始位置。如有必要,更换电磁开关总成。

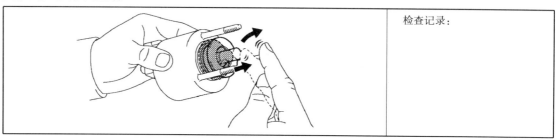

8. 检查吸引线圈是否断路。用万用表测量端子50和端子C间的电阻。标准电阻应小于1Ω。如果不符合标准,更换电磁开关总成。

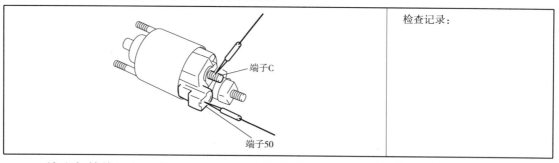

9. 检查保持线圈是否断路。使用万用表测量端子50与开关壳体之间的电阻。标准电阻应小于2Ω。如果不符合标准,更换电磁开关总成。

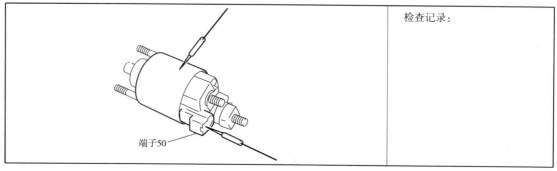

10. 检查换向器是否断路。使用万用表测量换向器整流子片间的电阻。标准电阻应小于1Ω。如果不符合标准,更换起动机电枢总成。

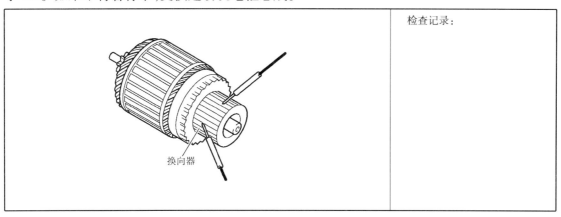

检查记录:

11. 检查换向器是否对搭铁短路。使用万用表测量换向器和电枢线圈间的电阻。标准电阻为10kΩ或更大。如果不符合标准,更换起动机电枢总成。

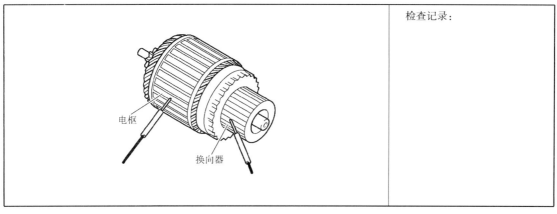

检查记录:

12. 检查换向器径向圆跳动。将换向器放在V形块上。用百分表测量径向圆跳动。标准径向圆跳动:0.02mm;最大径向圆跳动:0.05mm。如果径向圆跳动大于最大值,则更换电枢总成。

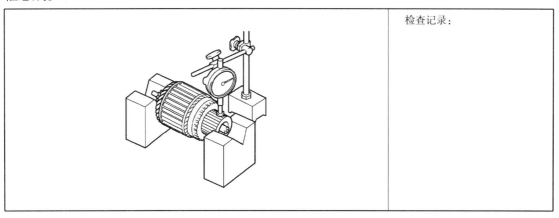

检查记录:

13. 换向器直径的检查。用游标卡尺测量换向器直径。标准直径:29.0mm;最小直径:

28.0mm。如果直径小于最小值,则更换电枢总成。

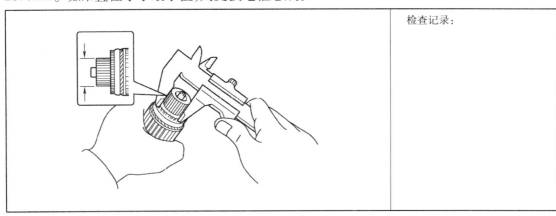

检查记录:

14. 检测电刷长度。用游标卡尺测量电刷长度。标准长度:14.4mm;最小长度:9.0mm。如果长度小于最小值,更换起动机电刷架总成。

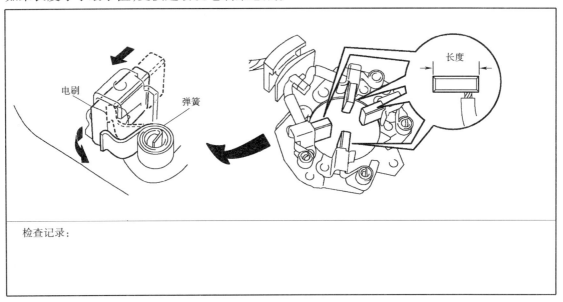

检查记录:

15. 检查起动机离合器。顺时针转动离合器小齿轮,检查并确认其自由转动。尝试逆时针转动离合器小齿轮,检查并确认其锁止。如有必要,则更换起动机中间轴承离合器分总成。

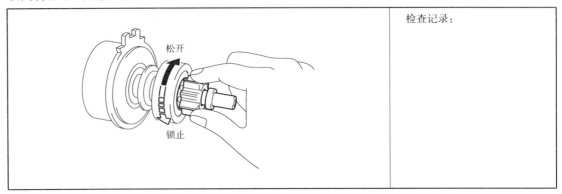

检查记录:

第三部分　评价与反馈

考核项目	评分标准	分　数	学生自评	小组互评	教师评价	小　计
团队合作	是否和谐	5				
活动参与	是否积极主动	5				
安全生产	有无安全隐患	10				
现场5S	是否做到	10				
任务方案	是否合理	15				
操作过程	点火开关的更换；点火开关的检查；起动机的更换；起动机的检查	30				
任务完成情况	是否圆满完成	5				
工具和设备使用	是否规范、标准	10				
劳动纪律	是否能严格遵守	5				
工单填写	是否完整、规范	5				
总　分		100				
教师签名：				年　月　日	得　分	

项目五

照明系统、信号系统、仪表及报警装置的构造与维修

 任务一　照明系统、信号系统、仪表及报警装置的认识

一 照明系统

1 照明系统种类、作用及要求

① 汽车照明设备的种类与用途

为了保证汽车行驶安全,现代汽车上都装备照明系统,用于提供车辆夜间安全行驶必要的照明。汽车上的照明设备有多种,用途也不一样,具体的种类和功用见表5-1,各照明设备的安装位置如图5-1所示。

汽车照明设备的种类与功用　　　　　　　　表5-1

名　称	功　用
前照灯	安装在汽车前部,用于夜间行车照明
示宽灯	安装在汽车前部和后部,用于在夜间或光线昏暗路面上行驶或停车时,标示车辆的轮廓或位置
雾灯	安装在汽车前部和后部,其作用是在能见度较低的雨雾天气时,为提高行车安全,用来照明
牌照灯	安装在汽车尾部牌照上方,用于夜间照亮汽车牌照

续上表

名　称	功　用
顶灯	安装在驾驶室顶部,其作用是为驾驶室提供照明
仪表灯	安装在仪表上,用于夜间照亮仪表
转向灯	安装在汽车前部、后部和左右侧面(或后视镜上),其作用是指示汽车的运行方向
制动灯	安装在汽车后面,其作用是在汽车制动停车或制动减速行驶时,向后车发出灯光信号,以警告后车,防止追尾
倒车灯	安装在汽车后面,其作用是向其他车辆发出倒车信号,并在夜间倒车时为车辆提供照明

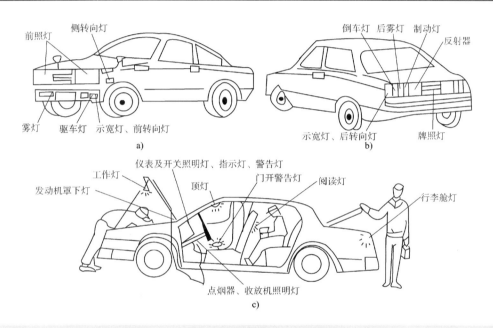

图 5-1 照明系统的安装位置

2 对汽车照明系统的要求

照明系统是汽车安夜间安全行驶的重要保证,为使汽车能在夜间和能见度较低的情况下安全行驶,汽车上安装有多种照明设备,现代汽车对照明的基本要求是:

(1)汽车行车时的道路照明:现代汽车车速较高,要求汽车的照明设备能提供车前100m以上明亮均匀的道路照明,并且不对迎面来车的驾驶人造成眩目。

(2)汽车倒车时的场地照明:确保驾驶人在夜间倒车时能看清车后的情况,顺利地完成倒车。

(3)牌照照明:在夜间行车时,能让其他行驶车辆驾驶人和行人看清车牌号,以便于安全管理。

(4)雾天行车的特殊照明:确保雾天行车时提供足够的辅助照明。

(5)车内照明:确保为驾驶人观察仪表、操纵车辆和乘员上下车提供良好的照明。

2 前照灯系统

前照灯也称前大灯,装于汽车头部两侧,是照明系统的主要灯系,用于夜间行车时的道路照明。目前,汽车上多应用组合前照灯,即将前照灯、前示宽灯、前转向灯组合在一起,如图 5-2 所示。前照灯包括远光灯和近光灯两种(图 5-3),远光灯用于保证车前有明亮而均匀的照明,使驾驶人能辨明 100m 以内道路上的任何障碍物;近光灯在会车和市区内使用,用于保证夜间车前 50m 内的路面照明,以及避免两车交会时造成驾驶人眩目而发生事故。

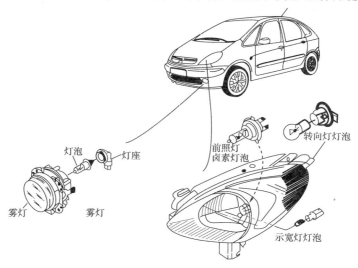

图 5-2　组合式前照灯的结构

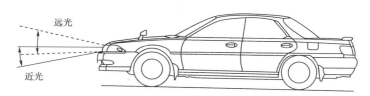

图 5-3　远光和近光

1　前照灯结构

前照灯一般由反射镜、配光镜和灯泡三部分组成,如图 5-4 所示。

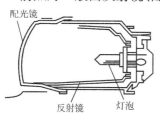

图 5-4　前照灯的组成

(1)反射镜。反射镜的作用是最大限度地将灯泡发出的光线聚合成强光束,以增加照射距离。它一般呈抛物面状,内表面镀铬、铝或银,然后抛光,目前多采用真空镀铝。反射镜依反射原理,将灯泡产生发散的光线汇聚成为集中的光束。灯丝与反射镜间的相对位置不同,反射光线的情况也不同,如图 5-5 所示。

灯丝在焦点上时,反射光线成平行状射出,见图 5-5a)。

灯丝在焦点与反射镜之间时,反射光线成分散状向外射出,见图 5-5b)。

灯丝在焦点的前面时,反射光线成收敛状向中央射出,见图 5-5c)。

(2)配光镜。配光镜也称散光玻璃,是用透明玻璃压制面而成的棱镜和透镜的组合体,反射的光线经镜头可再改善,镜头能再分配反射的光束及散射的光线,故可得较佳的照明。

玻璃或塑胶镜头上有许多纵、横或不规则的条纹,整个镜头可分割成极大数量的方形块,也就是每一个单独的小镜头均会引导光线,来改善光线的投射或光束的形式。

目前许多汽车的前照灯均已改用透明的镜头,因此前照灯所有光线方向的变化,都是由反射镜来提供的。

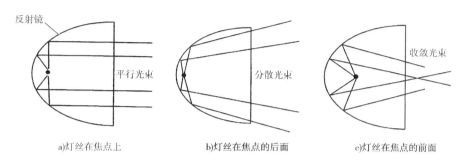

图 5-5 灯丝位置不同所反射光线的情况

(3)灯泡。目前,汽车前照灯的灯泡主要使用两种,即白炽灯泡和卤钨灯泡。

①白炽灯泡。在真空状态内装用钨丝的灯泡,即称为白炽灯泡,也称为钨丝灯泡,从20世纪20年代开始就被采用作为前照灯灯泡。

前照灯用白炽灯泡结构如图5-6所示,灯丝用钨丝制成,电流流经钨丝时,钨丝烧红成白炽状,产生光及热;灯泡内的真空,可避免空气中的氧使灯丝烧尽。

②卤素灯泡。卤素灯泡的构造如图5-7所示,在白炽灯泡内充入氟、氯、碘等卤素气体,卤素气体是一种惰性气体,在此气体内灯丝烧蚀慢,并允许灯丝在高温下工作。较高的灯丝温度能改变光线的色彩及强度,卤素灯泡约比白炽灯泡亮25%。

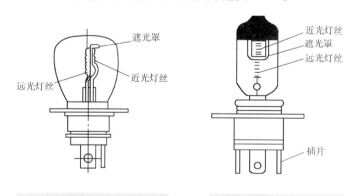

图 5-6 用于前照灯白炽灯泡   **图 5-7 卤素灯泡的构造**

卤素灯泡内的钨丝温度高达2900℃以上,因此必须使用即使因温度剧烈变化,也不会在玻璃内产生过度内部张力的石英玻璃。石英玻璃表面不可以手指碰触,若手指上的油脂沾附在玻璃表面时,会形成热点,以致石英玻璃变形甚至破裂。

❷ 前照灯的类型

以前,常见的前照灯类型有全封闭式前照灯和半封闭式前照灯,如图5-8所示。随着照明技术的不断发展,现在在汽车上又出现许多新型前照灯。

(1) 投射式前照灯。投射式前照灯采用了凸形配光镜,反射镜为椭圆形,所以其外径很小,其结构如图 5-9 所示。

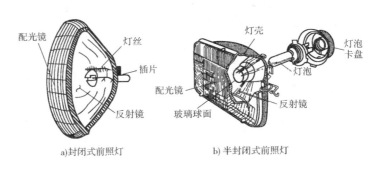

图 5-8 传统前照灯结构

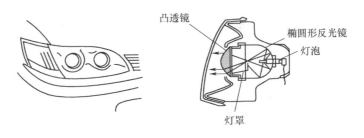

图 5-9 投射式前照灯的结构

由于投射式前照灯的反射镜呈椭圆形,所以有两个焦点。在第一个焦点处放置灯泡,光束经反射会聚至第二个焦点上。凸形配光镜的焦点与第二个焦点相重合,灯泡发出的光被反射镜聚成第二个焦点,并通过配光镜将聚集的光投射到远方。投射式前照灯使用的光源为卤素灯光,在第二个焦点附近设有遮光板,可用于遮住投向上半部分的光,形成明暗分明的配光,它的这种配光特性适用于前照灯近、远光灯,也可用作雾灯。

(2) 氙气前照灯。氙气前照灯是一种含有氙气的新型前照灯,又称高强度放电灯或气体放电灯,英文简称 HID(High Intensity Discharge),其外形如图 5-10 所示。目前许多高档车都使用了这种新型前照灯。氙气前照灯亮度大,消耗功率低,可靠性高,不受车上电压波动的影响。

图 5-10 氙气前照灯外形

HID 前照灯系统由小型石英灯泡、变压器和电子单元组成,如图 5-11 所示。接通电源后,通过变压器,在几微秒内升压到 2 万伏以上的高压脉冲电压加在石英灯泡内的金属电极之间,激励灯泡内的物质(氙气、少量的水银蒸气、金属卤化物)在电弧中电离产生光亮,并随压力升高使线光谱变宽形成带光谱。

HID 灯泡的结构如图 5-12 所示。HID 灯泡 1993 年由飞利浦公司首次成功研发,灯泡内无灯丝,灯泡的玻璃用坚硬的耐温耐压石英玻璃(二氧化硅)制成,灯内充入的高压氙气,缩短了灯被点亮的时间,灯的发光颜色则由充入灯泡内的氙气、水银蒸气和少量金属卤化物所决定。

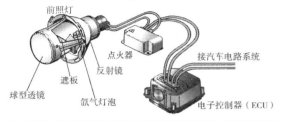

图 5-11　HID 系统的组成

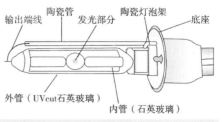

图 5-12　HID 灯泡的结构

电子控制器系统是一个独立的系统,包括变压器和电子控制单元,具有产生点火电压和工作电压两种功能。变压器用于将低电压变为高电压输出,电子控制单元的主要功能是限制氙灯灯泡的工作电流,向灯泡提供 2 万伏以上的电压和维持工作的低电压(80V 左右)。目前氙气前照灯系统同样具备远近光变换的功能,被称为双氙气前照灯。

(3) LED 照明。LED (Lighting Emitting Diode) 照明即是发光二极管照明,是一种半导体固体发光器件。由于 LED 具有省电、不发热、反应速度极快、寿命长及设计自由度高等优点,因此 LED 技术目前已被广泛应用,主要有于配光和装饰用灯。LED 将取代白炽灯泡,成为现代汽车在指示、示宽、室内照明及造型设计的主流。

全 LED 前照灯是目前最新研制的车灯,它是基于一汽乘用车公司的奔腾 B50 车型开发的。全灯共采用 41 颗 LED 光源,其中近光灯采用的 3 颗大功率白色 LED 光源,配合三联聚光圆形透镜,形成独特的配光设计和视觉效果,配光要求满足相关法规要求;远光采用 2 颗 LED 光源,其中一颗采用透镜配光,另一颗采用反射镜辅助配光,照度值满足国家法规要求。示宽灯采用 14 颗白色 LED 光源,转向灯采用 22 颗琥珀色 LED 光源,如图 5-13 所示。

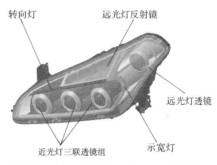

图 5-13　全 LED 前照灯空间布置图

3 前照灯上防炫目措施

夜间会车时,前照灯强烈的灯光可造成迎面驾驶人眩目,容易引发交通事故,所以为了避免前照灯的眩目作用,一般在汽车上都采用双丝灯泡的前照灯,可以通过变光开关切换远光和近光。我国交通法规规定,夜间会车时,必须在距对面来车 150m 以外互闭远光灯,改用防眩目近光灯。

国内外生产的双丝灯泡的前照灯,按近光的配光不同,分为对称形和非对称形两种不同的配光形式。

(1) 对称形配光(SAE 方式)。采用对称形配光,远光灯丝功率较大(45～60W),位于反射镜的焦点位置,射出的光线远而亮;近光灯丝功率较小(22～55W),位于反射镜焦点的上方并稍向右偏斜。由于近光灯光线弱,且经反射镜反射后光线大部分向下倾斜,从而减少了对迎面来车驾驶人的眩目作用,如图 5-14 所示。美国和日本均采用这一配光方式。

(2) 非对称形配光(ECE 方式)。采用非对称形配光远光灯丝位于反射镜的焦点处,近光灯丝则位于焦点前方且稍高出光学轴线,其下方装有金属配光屏,如图 5-15 所示。

由近光灯丝射向反射镜上部的光线,反射后倾向路面,而配光屏挡住了灯丝射向反射镜下半部的光线,故没有向上反射能引起眩目的光线。配光屏在安装时偏转一定的角度,使其近光的光形分布不对称,形成一条明显的明暗截止线。

(3) Z形配光。近来,国外又发展了一种更优良的光形,明暗截止线呈Z形,故称为Z形配光,不仅可以避免迎面来车的驾驶人的眩目,还可以防止迎面而来的行人和非机动车使用者的眩目,更加保证了汽车夜间行驶的安全,各种配光光形如图5-16所示。

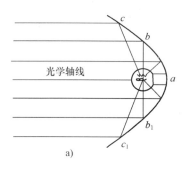
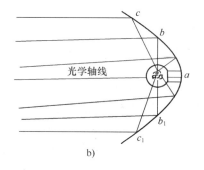

图5-14 对称形配光前照灯的工作情况

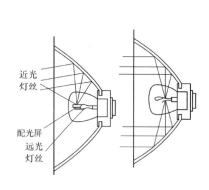

图5-15 具有配光屏的双丝灯泡的工作情况

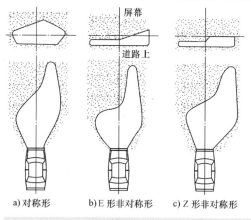

图5-16 前照灯的配光光形

4 前照灯的控制电路

前照灯控制电路一般由电源、前照灯开关、变光开关、前照灯继电器等组成,如图5-17所示。

(1) 前照灯开关。现代汽车的前照灯开关大部分装在转向盘下方,如图5-18所示。事实上此开关为一组合开关,左侧开关可操纵前照灯及转向灯,右侧开关则用以操纵刮水器及洗涤器电动机。前照灯开关通常有三个位置。

位置一:OFF,关灯,无电流进入。

位置二:电流送到驻车灯、尾灯、仪表灯、示宽灯、牌照灯等。

位置三:电流送到位置二等灯和前照灯。

一般前照灯开关控制各灯的电源,但也有一部分汽车的前照灯开关控制各灯的搭铁。

(2) 变光开关。前照灯必须能选择使用远光或近光行驶,因此前照灯电路上必须有变光开关来控制。现代汽车都是利用前照灯开关做变光作用,因此没有单独的变光开关。

前照灯开关除做示宽灯及前照灯的控制外，也可变换远、近光或将操纵杆扳到底做前照灯闪光，前照灯闪光在前照灯开关关闭时也起作用。

(3) 前照灯继电器。前照灯的工作电流较大，如用车灯开关直接控制前照灯，车灯开关易烧坏，因此在灯光电路中设有灯光继电器，以保护车灯开关。

图 5-19 为触点常开式前照灯继电器的结构和原理，端子 SW 与前照灯开关相连，端子 E 搭铁，端子 B 与电源相连，端子 L 与变光开关相连。当接通前照灯开关后，继电器铁芯通电，触点闭合，通过变光开关向前照灯供电。

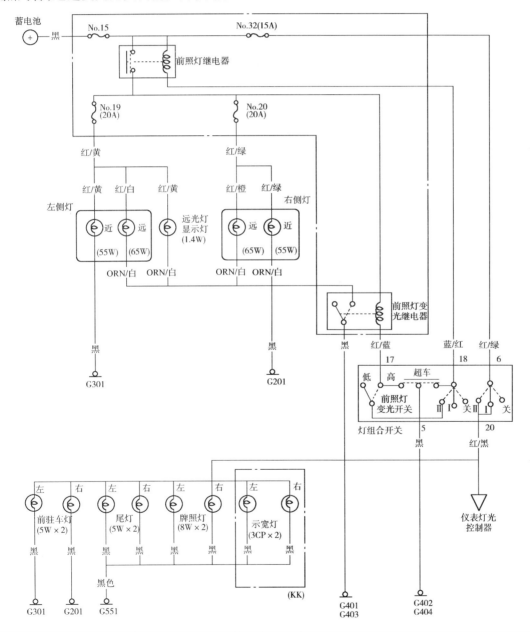

图 5-17 前照灯控制电路

项目五 照明系统、信号系统、仪表及报警装置的构造与维修

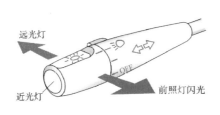

图 5-18 前照灯组合开关

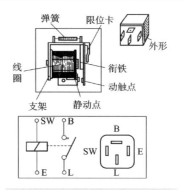

图 5-19 前照灯继电器结构与原理

5 前照灯光束的调整

前照灯应保证车前有明亮而均匀的照明,使驾驶人能看清车前 100m 范围内路面上的障碍物。如果前照灯光束调整不当,如光束照射位置偏移、灯光亮度不够等,会对夜间行车安全产生重大影响。

前照灯的对光调整可以采用屏幕检验法,通过调整前照灯上下、左右调整螺钉调整,如图 5-20 所示。

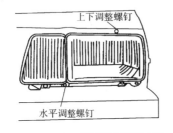

图 5-20 前照灯光束调整位置

6 新型前照灯电子控制系统

为了提高汽车行驶的安全性和方便性,很多新型车辆采用了电子控制装置,以实现对前照灯的自动控制。

(1)前照灯自动变光系统。前照灯自动变光系统能够根据迎面来车的灯光,自动调节前照灯的近光和远光。当在 200m 以外有对方车辆灯光信号时,变光器能够自动将本车的远光变为近光,从而避免给对方驾驶人带来眩目;两车交会后,前照灯又可自动恢复为远光。该系统主要由光传感器、信号放大器和功率继电器等组成,光传感器一般安装于通风栅之后、散热器之前。

(2)前照灯昏暗自动发光系统。前照灯昏暗自动发光系统能够在汽车行驶过程中(并非夜间行驶),当汽车前方自然光的强度减低到一定程度时,自动将前照灯电路接通,开灯行驶以确保行车安全。例如汽车通过高架桥、林荫小道、树林或天空突然乌云密布等情况下,能够自动接通前照灯电路,为车辆行驶提供足够的照明。

(3)随动转向前照灯系统。随动转向前照灯系统(Adaprive Front Lingting Systen,AFS)也称为主动转向前照灯,它能够不断对前照灯进行动态调节,由转向盘下面的转向柱中的角速度传感器直接给灯光控制电动机或者辅助补偿灯一个信号,使其按照驾驶人需要做的转向角度自动转向或者向需要转向的一侧打亮补偿灯光,从而减少视觉盲区,如图 5-21 所示。

3 其他照明系统

1 雾灯

雾灯用于雨、雪、雾或尘埃弥漫天气时的行车照明并具有信号作用。雾灯有前雾灯和后

雾灯两种。前雾灯安装在汽车前部比前照灯稍低的位置（图5-22）。雾灯的光色规定为黄色、橙色或红色，这是因为其光波较长，透雾性能好。雾灯由雾灯开关控制，有些汽车的雾灯开关又受灯光开关控制。

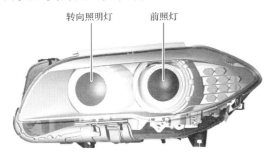

图5-21 随动转向前照灯

图5-22 雾灯安装位置

❷ 示宽灯和牌照灯

（1）示宽灯。示宽灯又称小灯、驻车灯或停车灯，装在车辆前面和后面两侧对称位置。多数车辆的示宽灯与组合式前照灯装在一起，用于标识汽车夜间行驶或停车时的宽度轮廓。后面的两个示宽灯通常又称为尾灯，灯光一般为红色，用于在夜间行驶时向后面的车辆或行人提供位置信息，多数车辆的尾灯与后组合式灯装在一起，如图5-23所示。

（2）牌照灯。牌照灯用于夜间行驶时照亮车牌照，如图5-24所示，前后牌照灯与前示宽灯及尾灯并联，同时点亮，其灯泡功率多为5W。

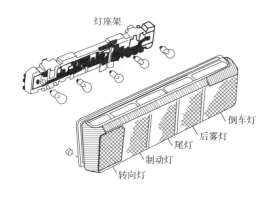

图5-23 后组合灯

图5-24 牌照灯

❸ 阅读灯和车顶灯

（1）阅读灯。阅读灯又称地图灯、个人灯、内小灯等，在前座椅上方，如图5-25所示。按下开关，阅读灯即亮，点火开关在任何位置时阅读灯均可点亮，其灯泡功率为5~8W。

（2）车顶灯。车顶灯又称车内灯或室内灯，装在车顶的中央，如图5-26所示。其开关通常有三个位置，置于OFF时灯熄灭，ON时灯一直点亮，DOOR时在车门打开时灯才点亮，车门关闭后熄灭。现代汽车利用定时器电路在车门关闭后使车顶灯持续点亮10~15s才熄灭，以方便驾驶人及乘客。

图 5-25 阅读灯

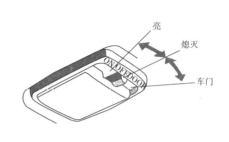

图 5-26 车顶灯

4 车门灯和行李舱灯

（1）车门灯。车门灯又称探照灯，装在四个车门下方，如图 5-27 所示。当车门打开时灯亮，照亮地面，以方便进出车辆的驾驶人及乘客，其灯泡功率约为 3.4W。

（2）行李舱灯。行李舱灯装在行李舱内，当行李舱打开时灯亮，如图 5-28 所示，其灯泡功率为 5W。

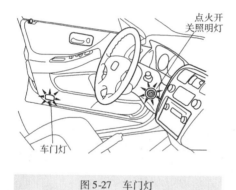

图 5-27 车门灯

图 5-28 行李舱灯

二 信号系统

汽车信号装置的作用是产生特定的声音和灯光信号，向其他车辆的驾驶人和行人发出警告，以引起注意，确保汽车的行驶安全。汽车信号装装置主要包括喇叭信号装置、转向信号装置、制动信号装置和倒车信号装置等。

1 喇叭信号装置

（1）喇叭信号装置的类型及特点。汽车喇叭属于声响信号装置，主要用于警告行人和其他车辆，以引起注意，保证行车安全。

喇叭按发音动力有气喇叭和电喇叭之分；按外形有螺旋形、筒形、盆形之分，如图 5-29 所示；按声频有高音和低音之分。

气喇叭是利用气流使金属膜片振动产生音响，外形一般为筒形，多用在具有空气制动装置的重型载重汽车上。电喇叭是利用电磁力使金属膜片振动产生音响,其声音悦耳,广泛使用于各种类型的汽车上。

电喇叭按有无触点可分为普通电喇叭和电子电喇叭。普通电喇叭主要是靠触点的闭合和断开,控制电磁线圈激励膜片振动而产生音响的;电子电喇叭中无触点,它是利用晶体管电路激励膜片振动产生音响的。

a)螺旋形喇叭

b)盆形喇叭

c)筒形喇叭

图 5-29　喇叭类型

在中小型汽车上,由于安装的位置限制,多采用盆形电喇叭。盆形电喇叭具有体积小、重量轻、指向好、噪声小等优点。

(2)电喇叭的结构及工作原理。电喇叭是利用电磁振动产生声响,下面以盆形电喇叭为例介绍电喇叭的结构及工作原理。

盆形电喇叭的结构如图 5-30 所示,其电磁铁采用螺管式结构,铁芯上绕有线圈,上下铁芯间的气隙在线圈中间,所以能产生较大的吸力。它没有扬声筒,而是将上铁芯、膜片和共鸣板固装在中心轴上。当电路接通时,线圈产生吸力,上铁芯被吸下与铁芯碰撞,并激励与膜片一体的共鸣板产生共鸣,从而发出声音。

盆形电喇叭的控制电路如图 5-31 所示,喇叭继电器以喇叭按钮的小电流控制经过触点的大电流,可以减少喇叭电路的电压降,以保护喇叭按钮。一般 12V 高低音喇叭需通过 3 ~ 5A 的电流。

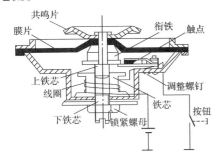

图 5-30　盆形电喇叭的结构

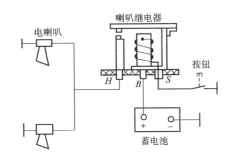

图 5-31　喇叭控制电路

当喇叭按钮按下时,喇叭继电器线圈通电,使继电器触点闭合,闭合后电流进入喇叭线圈后搭铁,如图 5-32 所示,其路径如下:

蓄电池→喇叭继电器 B 接头→触点 P_1→H 接头→喇叭接头→线圈→喇叭内触点 P_2→搭铁。

喇叭电磁线圈产生的磁力作用于活动铁片上,使膜片及调整螺母一起下移,调整螺母将触点拉开,线圈电路中断,膜片的弹性使膜片及活动铁片回弹上移。线圈电流中断时产生的感应电流由与触点并联的电阻或电容器吸收。

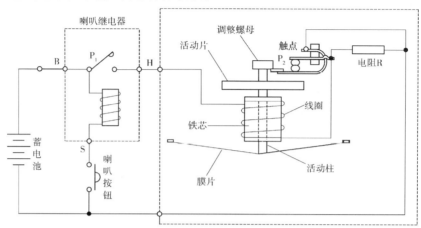

图 5-32 喇叭电路的控制过程

膜片弹回后,触点又闭合,电流又接通,线圈的磁力又将活动铁片及膜片拉下,又使触点分开。如此膜片不断地来回振动,使空气因振动而发出声音。

2 转向灯信号装置

在汽车起步、超车、转向和停车时,左侧或右侧的转向信号灯应发出明暗交替的闪光信号,以示汽车改变行驶方向。为使转向信号醒目可靠,转向灯的颜色要采用橙色,并要求在灯轴线右偏5°至左偏5°的视角范围内,无论是白天或夜间,能见距离应不小于35m,而在右偏30°至左偏30°的视角范围内,能见距离应不小于10m;转向灯的闪光频率应在 60～120 次/min 范围内。

(1)转向灯控制电路。转向信号的电路一般包括转向灯开关、左右的车前转向灯、车后转向灯、车侧转向灯及转向指示灯、闪光器、熔断丝、点火开关等,如图5-33所示。

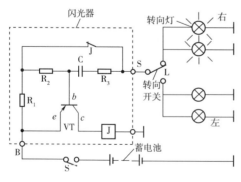

图 5-33 转向灯控制电路

当转向灯开关向左(右)扳动时,电流经蓄电池→点火开关→熔断丝→闪光器→转向灯开关→左(右)前、后、侧转向灯及指示灯搭铁,因闪光器的作用,使灯泡以 60～120 次/min 的速率不断闪烁,以警告其他驾驶人及行人。

(2)转向灯开关。现代汽车的转向灯开关都包含在组合开关内,用来控制转向灯电路的通断,其结构如图5-34所示。左侧开关为前照灯及转向灯开关,转向灯开关有 L、OFF 与 R 三个位置。

转向灯开关均为自动复原式,开关向顺时针方向扳动时为右转,向逆时针方向扳动时为左转,待汽车转向后,转向盘开始回转时,转向灯开关自动复原至 OFF 位置,驾驶人不必在转向后再将转向灯开关拨回。

（3）闪光器。转向灯的闪烁是由闪光器来控制的,闪光器的作用是串联在转向灯电路中,在汽车转向(或变道)时,使转向灯发出明暗交替的闪烁光,以示汽车的行驶趋向。常见的闪光器有翼片式、电容式、晶体管式和集成电路式(IC式)等类型,如图5-35所示。目前多用晶体管式闪光器。

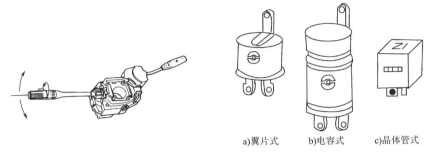

图5-34 转向灯开关　　　　图5-35 闪光器的类型

（4）危险警告灯工作过程。危险警告灯又称为危险报警灯,它与转向信号灯共用同一套灯具。当车辆在路面上遇到紧急情况需要处理时,按下危险警报开关(图5-36),全部转向灯同时闪烁,提醒后方车辆避让。

危险警告灯电路如图5-37所示。危险警告灯电路与转向灯电路共用车前与车后的转向灯、车内的转向指示灯及闪光器。但两者的功能不同,转向信号灯为单侧转向灯闪亮,作为转向指示用,危险警告灯为所有转向灯均同时闪亮,作为危险警告用;另外,危险警告灯不经点火开关控制,只要按下开关,车外的转向灯及车内的转向指示灯均同时闪烁。

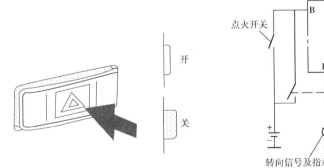
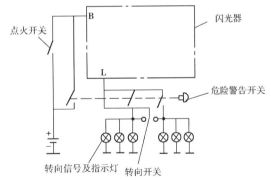

图5-36 危险警告灯开关　　　　图5-37 危险警告灯电路

3 制动灯信号装置

制动灯安装在车辆尾部,当其工作时,通知后面车辆该车正在制动,以避免后面车辆与其相撞。目前,轿车均装有高位制动灯,它安装在后窗中心线、靠近窗底部附近,当前后两辆车离得很近时,后面车辆驾驶人就能从高位制动灯的亮灭来判断前车的行驶状况。

制动灯电路一般不受点火开关控制,直接由电源、熔断丝到制动灯开关,只要制动开关接通,制动灯就亮起,如图5-38所示。

常见的制动灯开关有以下几种类型。

(1)液压式制动灯开关。图5-39为液压式制动灯开关,用于采用液压制动系统的汽车上,装在液压制动主缸的前端或制动管路中。当踩下制动踏板时,由于制动系统的压力增大,膜片向上弯曲,接触桥同时接通接线柱,使制动灯通电点亮。松开制动踏板时,制动系统压力降低,接触桥在复位弹簧的作用下复位,制动灯电路被切断。

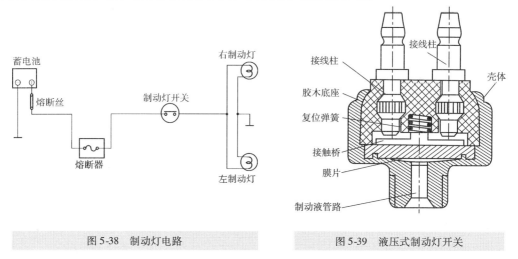

图5-38 制动灯电路　　　图5-39 液压式制动灯开关

(2)气压式制动灯开关。图5-40为气压式制动灯开关,用于采用气压制动系统的汽车,安装在制动系统的气压管路上。制动时,制动压缩空气推动橡胶膜片向上弯曲,使触点闭合,接通制动灯电路。

(3)弹簧式制动灯开关。弹簧式制动灯开关是一种轿车较为常用的制动开关,装在制动踏板的后面,如图5-41所示。当踏下制动踏板时,开关闭合,将接线柱接通,使制动灯点亮;当松开制动踏板后,复位弹簧使接触片离开接线柱,制动灯电路断开。

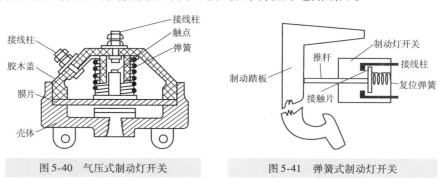

图5-40 气压式制动灯开关　　　图5-41 弹簧式制动灯开关

4 倒车信号装置

倒车灯安装于车辆尾部,在夜间给驾驶人提供额外照明,同时倒车灯也警告车辆后面的驾驶人和行人。有些汽车上还装有倒车蜂鸣器,在倒车时发出声音报警。倒车灯和倒车蜂鸣器均由倒车灯开关控制。

(1)倒车灯开关的结构。倒车灯开关一般安装在变速器上,其结构如图5-42所示。钢球平时被倒车挡叉轴顶起,而当变速杆拨至倒车挡时,倒车挡叉轴上的凹槽对准钢球,钢球被松开,在弹簧的作用下,触点闭合,将倒车信号电路接通。

(2)倒车灯与倒车蜂鸣器电路工作原理。倒车信号灯与倒车蜂鸣器的电路如图5-43所示。倒车时,安装在变速器上的倒车灯开关闭合,倒车灯亮;同时,电流经继电器中的触点到蜂鸣器,使蜂鸣器间歇发声,以警告行人和其他车辆的驾驶人注意。

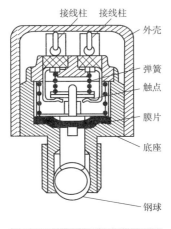

图5-42 倒车灯开关　　　　图5-43 倒车灯与倒车蜂鸣器电路

三、仪表及报警装置

1 仪表及报警装置的功用及类型

仪表是汽车各部位如油箱、冷却液、机油、充电系统等的监视系统,能够让驾驶人随时了解汽车各部的运行状况,保证安全驾驶。图5-44为很多现代汽车采用的一般指针型模拟式仪表。

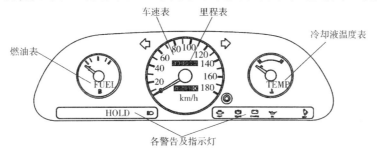

图5-44 一般指针型仪表

现代汽车除了设有车速表、转速表、燃油表及冷却液温度表外,为了提高对驾驶人的警告及指示作用,利用各种警告及指示灯来代替仪表,如机油压力警告灯取代机油压力表,充电警告灯取代电流表等,另外还设有驻车制动警告灯、远光指示灯、转向指示灯、挡位指示灯、车门未关警告灯、安全带未系警告灯、发动机故障警告灯、防抱死制动系统(ABS)警告灯、轮胎压力报警灯、安全气囊(SRS)警告灯等各种警告及指示灯。

由于计算机控制技术在汽车上应用越来越广泛,现代汽车也有采用如液晶数字显示的

项目五 照明系统、信号系统、仪表及报警装置的构造与维修

数字仪表（常称为电子仪表），以取代传统指针指示的模拟仪表。采用数字显示的仪表有车速表、发动机转速表、燃油表、冷却液温度表等，如图5-45所示。报警装置除了警告灯外，还有语音报警系统。

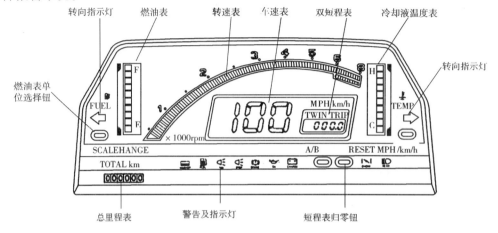

图5-45　电子仪表

2　主要仪表的构造和工作原理

1 燃油表

燃油表用于指示汽车油箱中的存油量，由装在油箱中的传感器（图5-46）和组合仪表中的燃油表组成，燃油表有电热式、电磁式和电子式。

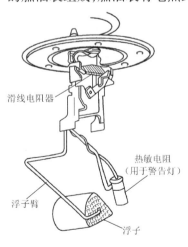

图5-46　燃油量传感器

（1）电热式燃油表。电热式燃油表，利用热偶片弯曲拉动仪表的指针，以指示正确读数，其构造简单，成本低。

电热式燃油表的结构如图5-47所示。传感器装在油箱内，油箱中的浮筒随油量的多少而升降，经过连杆使传感器中的电阻值发生变化。当油箱内油量减少时，浮筒就会下降，使传感器的电阻变大，电流由蓄电池→点火开关→电压调节器→燃油表接收器电热线→传感器电阻→搭铁。因电阻值变大，通过热偶片电热线的电流变小，产生热量变小，从而使热偶片弯曲量变小，指针向E（无油）附近靠近。

当油箱油加满时，浮筒升到最高位置，传感器的电阻减到最小，流过热偶片的电流最大，产生热量最多，热偶片弯曲最大，指针会指向F（满油）。

（2）电磁式燃油表的构造与工作原理。电磁式燃油表是利用线圈产生的电磁力使燃油表指针转动以显示燃油量的显示装置。如图5-48所示，燃油表指针与一个磁性转子相连，在磁性转子的外面按4个方向绕上线圈。相邻两线圈之间的夹角为90°。当线圈有电流通过时，4个线圈在4个方向上产生磁场，合成为某一方向的磁场，使磁性转子处于一定的位置。当电流发生变化时，合成磁场的方向也发生变化，从而使

得磁性转子的位置发生变化,同时指示相应的燃油量值。在转子下面的空隙里填满了硅酮油,以防止车辆振动而造成指针震颤。

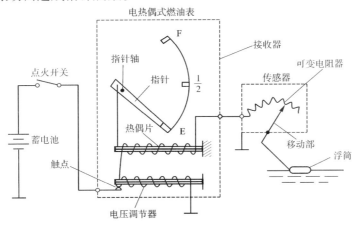

图 5-47　电热式燃油表可变电阻传感器的构造与作用

线圈具体的缠绕方向及连接关系如图 5-49 所示,线圈 L_1 与 L_3 在同一轴向产生 A 方向及 C 方向(相差 180°方向)的磁力,线圈 L_2 及 L_4 与 L_1 及 L_3 成 90°方向,产生 B 方向及 D 方向(相差 180°方向)的磁力。

在交叉的线圈中通入电流,则转子因受各线圈磁力线的影响而产生转动,使装在上面的指针摆动。若传感器的电阻值 R_S 发生变化,则电压 V_S 也变化,电流 I_1、I_2 的大小也变化,各线圈所产生磁力线的强度也发生变化。

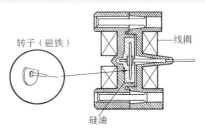

图 5-48　电磁式仪表断面

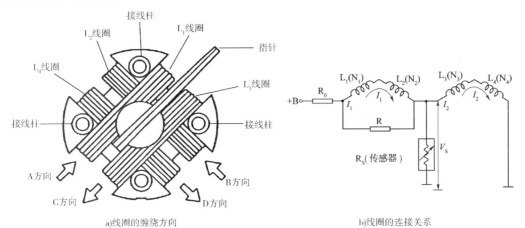

图 5-49　电磁式燃油表电路

(3)电子式燃油表构造及工作原理。电子式燃油表是以仪表计算机处理数据来显示燃油量的。如图 5-50 所示,电子式燃油表由传感器、处理器及显示器组成。处理器是计算机的一种主要设备器件,而仪表计算机也可称为车身计算机或车身控制模块。

项目五　照明系统、信号系统、仪表及报警装置的构造与维修

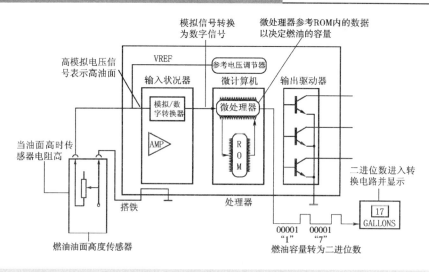

图 5-50　电子式燃油表的组成及作用

燃油箱可变电阻式传感器(信号器)产生模拟信号,模拟/数字转换器将模拟信号转换为二进位数或称二进制代码的信号给微计算机,经微计算机处理后将数字信号送给仪表板内电路,从而显示出燃油存量。

无论使用何种类型的燃油表,都装有燃油量不足报警灯,当燃油量少于规定值时,红色的报警灯就会点亮,以提醒驾驶人注意添加燃油,防止损坏燃油泵。

❷ 冷却液温度表

冷却液温度表也可以分为电热式、电磁式和电子式三种。

(1)电热式冷却液温度表。电热式冷却液温度表的结构原理与电热式燃油表的结构原理类似,其结构如图 5-51 所示,图中的冷却液温度传感器中使用的是热敏电阻。

当冷却液温度过低时,热敏电阻的电阻值会变大,冷却液温度表指针指向刻度 L,以提示低温;当冷却液温度过高时,热敏电阻的电阻值会变小,冷却液温度表指针指向刻度 H,以提示高温。

(2)电磁式冷却液温度表。电磁式冷却液温度表的结构原理与电磁式燃油表类似,如图 5-52 所示。电磁式冷却液温度表内有互成一定角度的两个铁芯,铁芯上分别绕有电磁线圈,其中电磁线圈 L_1 与传感器串联,电磁线圈 L_2 与传感器并联。两个铁芯的下端有带指针的偏转衔铁。

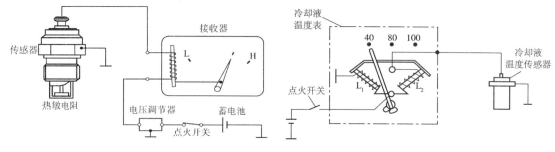

图 5-51　电热式冷却液温度表结构及原理　　　图 5-52　电磁式冷却液温度表的结构原理

电磁式冷却液温度表中使用热敏电阻式冷却液温度传感器,当冷却液温度变低时,由于热敏电阻传感器的阻值变大,因此线圈 L_2 中的电流变小,而线圈 L_1 中的电流变大,磁场增

强,吸引衔铁使指针指向低温;当冷却液升高时,由于热敏电阻传感器的阻值减小,流经线圈 L_2 的电流增大,磁场增强,吸引衔铁逐渐向高温方向偏转,使指针指向高温。

当冷却液温度高于规定值时,冷却液温度传感器会向冷却液温度报警灯电路发出报警信号,使冷却液温度报警灯点亮,以提醒驾驶人注意。

(3)电子式温度表。电子式温度表是由可变电阻器(冷却液温度传感器)、处理器(计算机)和显示器组成,如图5-53所示。

当冷却液温度变低时,负温度系数(NTC)的冷却液温度传感器电阻会升高,流过的电流变小,传感器两端的电压升高,模拟/数字转换器将高电压信号转为数字信号,送给微处理器,微处理器再送出信号给输出驱动器,使显示器显示出75°F(23.9℃)的冷却液温度,见图5-53a);反之,当冷却液温度逐渐升高时,因NTC型冷却液温度传感器电阻逐渐降低,流过的电流逐渐变大,因此传感器两端电压逐渐变低,故冷却液温度的显示会逐渐升高,例如达230°F(110℃),见图5-53b)。

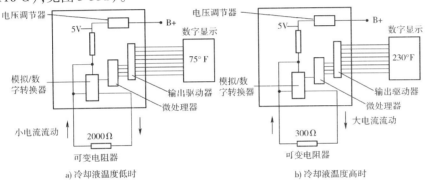

图5-53 电子式温度表的组成

3 机油压力表

机油压力表用于指示发动机润滑系统机油压力的大小。机油压力表最常用的为电热式油压表,与其他电热式仪表的工作原理相同,通过机油压力传感器的信号,控制双金属片的变形量,带动机油压力表指针摆动,其结构与工作原理如图5-54所示。

机油压力传感器内部装有金属膜片,膜片下腔与发动机的主油道相通,发动机的机油压力直接作用到膜片上;膜片的上方压着弹簧片。弹簧片的一端与外壳固定并搭铁,另一端焊有触点。

机油压力表指针与双金属片的一端相连,在双金属片上绕有加热线圈。双金属片上绕着加热线圈,线圈两端分别与两接线柱相接。一接线柱与传感器相接,另接线柱经点火开关与电源相接。

当点火开关闭合时,机油压力表的电路为:蓄电池正极→点火开关→机油压力表接线柱→机油压力表内双金属片的加热线圈→接线柱→接触片→传感器内双金属片上的加热线圈→触点→弹簧片→搭铁。电流通过双金属片的加热线圈时,就会使双金属片受热变形。

如果油压很低,传感器内的膜片变形很小,这时作用在触点上的压力很小。电流通过时,温度略有上升,双金属片稍有变形时,就会使触点分开,切断电路。经过稍许时间后,双金属片冷却伸直,触点又闭合,线圈再次通电发热,双金属片变形,很快触点又分开,如此循环,触点在不断的开闭状态下工作。但由于机油压力低,触点压力小,极易分开,因而触点打开时间长,闭合时间短,使电路中的平均电流值很小,所以双金属片受热变形小,指针的偏转角度小,指示低油压。

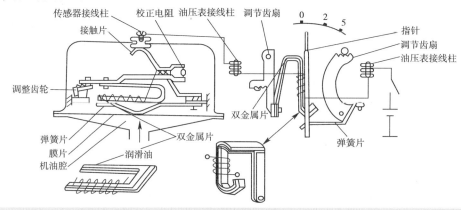

图 5-54　机油压力表

当油压升高时,膜片向上拱曲,触点压力增大,使双金属片向上拱曲。这就需要加热线圈通电时间长,双金属片有较大的变形,触点才能打开,而分开后,稍一冷却,触点就闭合。因此在油压升高时,触点打开时间短,闭合时间长,平均电流值大,使得双金属片受热变形量增大,指针偏转角度增大,指示高油压。

发动机正常工作时,机油压力表的指示为:低速时不小于 1.5MPa,高速时不大于 5MPa。

4 发动机转速表

发动机转速表用于指示发动机的运转速度,使驾驶人了解发动机的运转状况,避免发动机超速运转。发动机转速表有机械式和电子式两种。电子式转速表由于结构简单、指示精确、安装方便,因此被广泛应用。

电子式发动机转速表获取转速信号的方式有三种:从点火系统获取脉冲电压信号、从发动机的转速传感器获得转速信号和从发电机获取转速信号。图 5-55 为发动机转速表电路原理图,转速信号来自点火系统的初级电路。

当点火控制器使初级电路导通时,晶体管 VT 处于截止状态,电容 C_2 被充电。其充电电路为:蓄电池正极→R_3→C_2→VD_2→蓄电池负极。

当点火控制器使初级电路截止时,晶体管 VT 的基极得正电位而导通,此时 C_2 便通过导通的 VT、电流表 A 和 VD_1 构成放电回路,从而驱动电流表。

当发动机工作时,初级电路不断地导通、截止,其导通、截止的次数与发动机转速成正比。所以当初级电路不断地导通、截止时,对电容 C_2 不断地进行充、放电,其放电电流平均值与发动机转速成正比,于是将电流平均值标定成发动机转速。

5 车速里程表

车速表用于显示汽车行驶的速度,按照其工作原理的不同可分为机械式车速表和电子式车速表。

（1）机械式车速表的结构及工作过程。机械式车速表实际上就是电磁式车速表，其构造如图5-56所示，由变速器输出轴带动的软轴所驱动。

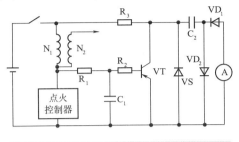

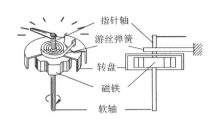

图5-55 发动机电子转速表电路原理图　　　图5-56 电磁式车速表

车速表指针的指示是因软轴带动磁铁旋转时，使转盘也产生旋转力，该旋转力与游丝弹簧的弹力平衡时就使指针停留在一定位置。

旋转磁铁之所以使转盘转动，其原理是置于旋转磁场中的导体会感应产生电流，且产生与旋转磁场同方向转矩。旋转磁铁是永久磁铁产生的磁力线，由N极发出，切割转盘后回到S极。当旋转磁铁顺时针旋转时，转盘不动，由相对运动可假定旋转磁铁不转，而转盘以逆时针方向切割磁力线，如图5-57所示，根据右手定则可知，在靠近N极处的电流向下流，靠近S极的电流向上流；再根据左手定则可知，在磁场中的转盘，当有电流产生后，会产生顺时针方向旋转的作用，如图5-58所示。所以旋转磁铁旋转时，转盘会随着产生同方向的旋转。

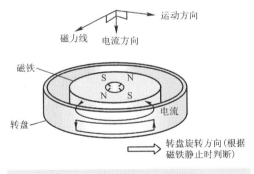

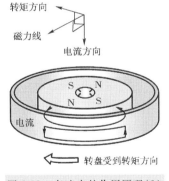

图5-57 车速表的作用原理（1）　　　图5-58 车速表的作用原理（2）

转盘的旋转力与旋转磁铁的旋转速度（即车速）成正比，而游丝弹簧的力与此旋转力平衡时，便决定了指针的指示位置。

（2）电子式车速表的结构及工作原理。电子式车速表是由车速传感器（VSS）、处理器和指针式车速表组成，如图5-59所示。车速传感器为电磁式，它实际上是一种小型的交流（AC）信号发生器，由变速器输出轴驱动，当汽车行进时，VSS产生的电压信号与车

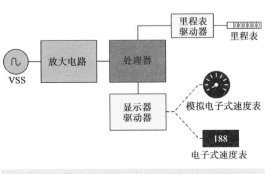

图5-59 模拟电子式车速表的组成

速成正比,送给处理器放大、计算及处理后,使指针摆动以显示速度。

电子式车速表与机械式车速表的不同点为不使用机械式的软轴,而是利用VSS及处理器的电子控制作用,现在汽车多采用电子式车速表。

6 里程表

里程表用于显示汽车累计行驶的里程数和短里程数,按照其工作原理的不同可分为机械式里程表和机械电子式里程表。

(1)机械式里程表的结构和工作原理。机械式里程表的结构如图5-60所示。里程表是以车速表旋转磁铁的驱动软轴,驱动特殊的齿轮带动计数环来计算行驶里程,如图5-61所示。全程表通常有五个计数环,末位数每转一圈代表汽车行驶1km。现代汽车的全程表的最右侧通常再附带一组白底黑字,每一数字代表1/10km的计数环。

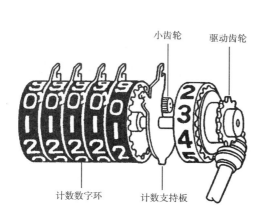

图5-60 机械式里程表的构造

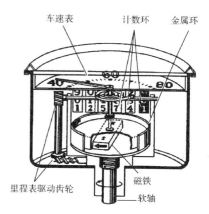

图5-61 里程表的驱动齿轮

短程表通常为三位数,随时可以用归零装置,使每个计数环都回到0位。

(2)机械电子式里程表的结构与工作原理。机械电子式里程表是由车速传感器(VSS)、处理器及步进电机与机械式里程表组成。VSS信号送给处理器,处理器控制步进电机作用,使机械式里程表显示正确的数字。步进电机与机械式里程表的组合,如图5-62所示。

7 警告及指示灯

汽车仪表指针指示的刻度对一般汽车驾驶人并不具有特别的报警作用,因此应用警示性、直观性高的灯光来取代仪表。当汽车各系统有故障时,红灯或黄灯亮,提醒驾驶人注意;做指示用时,则采用绿灯或蓝灯。现代汽车仪表板处的警告及指示灯,常以LED为照明。

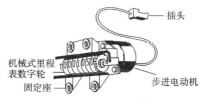

图5-62 机械电子式里程表

图5-63为现代汽车仪表板上的各种警告及指示灯,其代表图案与警告内容,见表5-2。

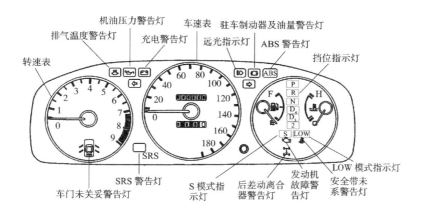

图5-63 各种警告及指示灯

常见的警告灯图形符号及作用　　　　　　　　　　　　　　　　　　　表5-2

编号	名　称	颜色	图　案	警告或指示内容
1	机油压力警告灯	红		发动机机油压力过低时点亮
2	充电警告灯	红		充电系统故障时点亮
3	驻车制动器及制动器油量警告灯	红		驻车制动器拉起或制动器油量不足时点亮
4	汽油残量警告灯	红		油箱内油量少于10L时点亮
5	远光指示灯	紫		前照灯为远光灯时点亮
6	转向指示灯	绿		左右方向灯亮时指示灯点亮
7	安全带未系警告灯	红		安全带未系时点亮
8	发动机故障警告灯	黄		发动机集中控制系统零件故障时点亮
9	ABS故障警告灯	红	ABS	ABS故障时点亮
10	SRS故障警告灯	红	SRS	SRS故障时点亮
11	排气温度警告灯	黄		排气温度超过900℃时点亮
12	挡位指示灯	红或绿		自动变速器汽车依选挡杆所在位置指示灯亮
13	车门、行李舱盖未关妥警告灯及制动器灯故障警告灯	红	BRAKE LAMP	四个车门及行李舱未关妥时点亮；制动器灯故障时警告灯亮

项目五 照明系统、信号系统、仪表及报警装置的构造与维修

任务二　照明系统部件总成或灯泡的更换

一、实训准备

1 实训器材

(1)五菱荣光汽车(图5-64)。
(2)卷尺(图5-65)。

图5-64　五菱荣光汽车

图5-65　卷尺

(3)其他工具及器材：举升机(见图2-15)、组合工具(见图2-31)、扭力扳手、螺丝刀、尖嘴钳、转向盘护套、变速杆手柄套、座位套、脚垫、翼子板和前格栅磁力护裙等。

2 准备工作

(1)汽车进入工位前,将工位清理干净,准备好相关的器材。
(2)将汽车停驻在举升机中央位置(图5-66)。
(3)拉紧驻车制动器操纵杆(图5-67),并将变速杆置于空挡位置。

图5-66　停放汽车

图5-67　拉紧驻车制动器操纵杆

144

(4)套上转向盘护套、变速杆手柄套和座位套,铺设脚垫(图5-68)。

(5)在车内拉动发动机舱盖手柄(图5-69)。

图5-68 铺设脚垫

图5-69 拉动发动机舱盖手柄

(6)在车外打开并支撑发动机舱盖(图5-70)。

(7)粘贴翼子板和前格栅磁力护裙(图5-71)。

图5-70 支撑发动机舱盖

图5-71 粘贴翼子板和前格栅磁力护裙

二、照明系统部件总成或灯泡的更换

五菱荣光汽车照明系统灯泡的规格见表5-3。

五菱荣光汽车照明系统灯泡的规格　　　　表5-3

灯的类型	规　格
前照灯(远光近光)	H7 12V55W/ H1 21V55W
前转向灯	PY21W 12V 21W 黄色灯泡
前示宽灯	W5W 12V5W
前雾灯	H3 12V 55W
后转向灯	PY21W 12V 21W 黄色灯泡
后雾灯	P21W 12V 21W
倒车灯	P21W 12V21W
驻车(示宽灯)	W5W 12V5W
转向信号指示灯	WY5W 12V5W

续上表

灯的类型	规格
高位制动信号灯	W5W 12V5W
车顶灯	C5W 12V 5W
阅读灯	C5W 12V 5W
牌照灯	W5W 12V5W

1 前照灯总成的调整与更换

五菱荣光汽车前照灯总成（图5-72）为组合式前照灯，包括前照灯（远光/近光）、前转向信号灯和位置灯。

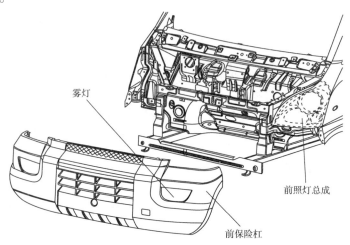

图5-72 前照灯总成安装位置

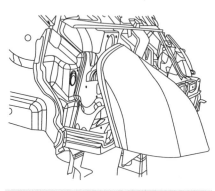

图5-73 前照灯总成的拆卸

1 前照灯总成的拆卸（图5-73）
（1）拆卸前保险杠蒙皮。
（2）拆卸前照灯总成固定螺钉。
（3）将前照灯总成从其固定位置上取出。
（4）拆卸电气接插件。

2 前照灯总成的安装（见图5-73）
（1）连接前照灯总成的电气接插件。
（2）安装前照灯总成和固定螺钉，紧固前照灯总成螺钉至4~5N·m。
（3）安装前保险杠蒙皮。

3 前照灯光束的调整
（1）将汽车停到水平地面上，轮胎气压充至规定压力。汽车空载，油箱中为4L燃油。
（2）如图5-74所示，在汽车前3m处放置一块调整板。在调整板上画出相应的垂直线和水平线。

(3)检查前照灯的远光和近光。前照灯近光灯光中心高 $H_j = 902\text{mm}$，前照灯远光灯光中心高 $H_y = 808\text{mm}$。

(4)前照灯近光光束明暗截止线转角或中点的高度应为 $0.7 \sim 0.9 H_j$（H_j 表示前照灯基准中心高，为902mm），光轴的明暗截止线应清晰，水平方向位置向左偏不允许超过170mm，向右偏不允许超过350mm。

(5)前照灯远光光束明暗截止线转角或中点的高度应为 $0.9 \sim 1.0 H_y$（H_y 表示中心高，为808mm），远光光轴的明暗截止线应清晰，水平方向位置前照要求，左灯向左偏不允许超过170mm，向右偏不允许超过350mm，右灯向左或向右偏均不允许超过350mm。

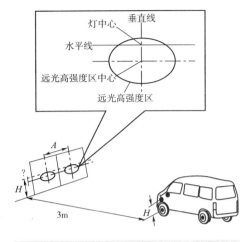

图5-74 前照灯光束的调整

(6)如果前照灯光束不在规定范围内，应进行调整。在调整一只前照灯的同时，覆盖住另一只。

(7)在不能获得有效空间的情况下，测量距离可以相应减少。

2 前照灯（远光/近光）灯泡的更换

① 前照灯（远光/近光）灯泡的拆卸（图5-75）

(1)打开发动机罩。

(2)拆去相应的电气接插件。

(3)打开橡胶盖，将灯泡夹子推出支撑，取出坏灯泡。

注意：取放前照灯灯泡时，请用手拿取灯泡的灯座处。

② 前照灯（远光/近光）灯泡的安装（图5-75）

(1)安装新灯泡，将灯泡夹子复位，关闭橡胶盖。

(2)连接相应的电气接插件。

(3)关闭发动机罩。

3 前照灯（转向灯）灯泡的更换

① 前照灯（转向灯）灯泡的拆卸（图5-76）

(1)打开发动机罩。

(2)逆时针旋转灯泡座，然后取出坏灯泡。

② 前照灯（转向灯）灯泡的安装（见图5-76）

(1)安装新灯泡，顺时针旋转灯泡座。

(2)关闭发动机罩。

项目五 照明系统、信号系统、仪表及报警装置的构造与维修

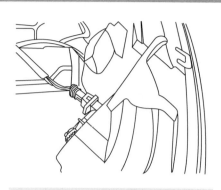

图5-75 前照灯(远光/近光)灯泡的拆卸

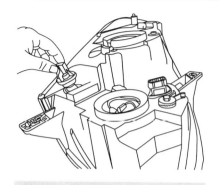

图5-76 前照灯(转向灯)灯泡的拆卸

4 前照灯(示宽灯)灯泡的更换

1 前照灯(示宽灯)灯泡的拆卸(图5-77)

(1)打开发动机罩。

(2)逆时针旋转灯泡座,然后取出坏灯泡。

2 前照灯(示宽灯)灯泡的安装(图5-77)

(1)安装新灯泡,顺时针旋转灯泡座。

(2)连接相应的前照灯总成。

(3)关闭发动机罩。

5 前雾灯的更换

1 前雾灯的拆卸(图5-78)

(1)打开发动机罩,拆去前保险杠蒙皮。

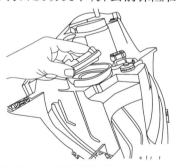

图5-77 前照灯(示宽灯)灯泡的拆卸

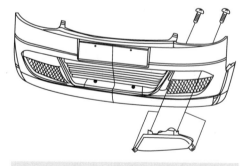

图5-78 前雾灯的拆卸

(2)拆去电气接插件。

(3)从前保险杠蒙皮拆去固定在雾灯上的螺栓。然后拆去雾灯总成。

2 前雾灯的安装(图5-78)

(1)安装雾灯总成和螺栓,紧固雾灯螺栓至2~3N·m。

(2)连接电气接插件。

(3)安装前保险杠蒙皮。
(4)关闭发动机罩。

6 前雾灯灯泡的更换

1 前雾灯灯泡的拆卸(图5-79)

(1)拆下保险杠蒙皮。
(2)拆下电气接插件。
(3)逆时针旋转灯泡座并且取出灯泡座的后部及其断路器。
(4)将灯泡夹子向下推出支撑并且取出坏的灯泡。

2 前雾灯灯泡的安装(图5-79)

(1)安装新灯泡并将灯泡夹子复位。
(2)重新放置断路器和灯泡座的后部,并顺时针旋转灯泡座。
(3)连接电气接插件。
(4)安装前保险杠蒙皮。
(5)关闭发动机罩。

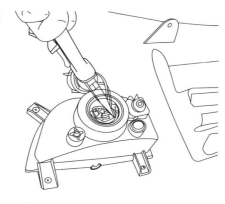

图5-79 前雾灯灯泡的拆卸

7 侧转向信号灯的更换

1 侧转向信号灯的拆卸(图5-80)

(1)用螺丝刀将侧转向信号灯从翼子板上拆去。
(2)拆去电气接插件。

2 侧转向信号灯的安装(图5-80)

(1)连接电气接插件。
(2)在翼子板上安装侧转向信号灯。

8 侧转向信号灯灯泡的更换

1 侧转向信号灯灯泡的拆卸(图5-81)

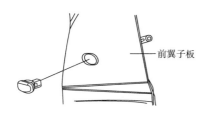

图5-80 侧转向信号灯的拆卸

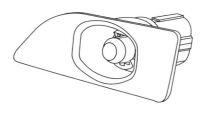

图5-81 侧转向信号灯灯泡的拆卸

(1)拆除转向信号灯。
(2)从座中取出灯泡,然后用新灯泡替换坏灯泡。

❷ 侧转向信号灯灯泡的安装(图5-81)
(1)安装新灯泡。
(2)安装侧转向信号灯。

9 尾灯的更换

❶ 尾灯的拆卸(图5-82)
(1)打开尾门。
(2)拆卸尾灯固定螺栓。
(3)拆卸接插件。

❷ 尾灯的安装(图5-82)
(1)将尾灯与线束连接。
(2)将尾灯插入车身定位孔并且用螺栓将其固定,紧固尾灯螺栓至4~5N·m。
(3)关上尾门。

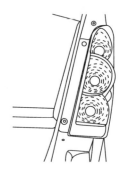

图5-82 尾灯的拆卸

10 尾灯灯泡的更换(制动/示宽灯、转向灯、倒车灯以及后雾灯)

❶ 尾灯灯泡的拆卸(图5-83)
(1)打开尾门。
(2)拆卸尾灯总成。
(3)逆时针转动灯座,然后从灯座上拆下灯泡。

❷ 尾灯灯泡的安装(图5-83)
(1)将灯泡安装到尾灯灯座上。
(2)将尾灯总成安装至后车身。
(3)关上尾门。

11 牌照灯和灯泡的更换

❶ 牌照灯和灯泡的拆卸(图5-84)
(1)拆卸牌照灯。
(2)拆去电气接插件。
(3)以新灯泡替换坏灯泡。

❷ 牌照灯和灯泡的安装(图5-84)
(1)将电气接插件安装到牌照灯总成上。
(2)安装牌照灯。

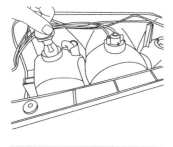
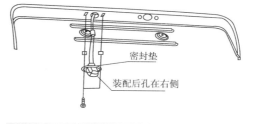

图 5-83　尾灯灯泡的拆卸　　　　图 5-84　牌照灯和灯泡的拆卸

12 车顶灯的更换

1 车顶灯的拆卸

(1)车顶灯1(前横梁处)的拆卸(图5-85)：
①撬下车顶灯灯罩饰盖。
②拆卸车顶灯紧固螺钉,卸下车顶灯。
(2)车顶灯2(前横梁处)的拆卸(图5-86)：

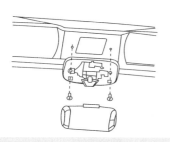
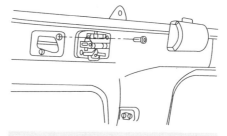

图 5-85　车顶灯1(前横梁处)的拆卸　　　图 5-86　车顶灯2(前横梁处)的拆卸

①撬下车顶灯灯罩饰盖。
②拆卸车顶灯紧固螺钉,卸下车顶灯。
(3)车顶灯序3(顶盖后横梁处)的拆卸(图5-87)：
①撬下车顶灯灯罩饰盖。
②拆卸下座舱车顶灯。

2 车顶灯的安装

(1)安装座舱顶灯。
(2)将车顶灯定位在车顶相应位置上,紧固车顶灯螺钉。
(3)安装车顶灯灯罩饰盖,紧固车顶灯螺钉至 1.5～2.5N·m。

图 5-87　车顶灯序3(顶盖后横梁处)的拆卸

13 高位制动灯的更换

1 高位制动灯的拆卸(图5-88)

(1)利用螺丝刀将高位制动灯灯壳两侧的安装卡扣取出。

项目五 照明系统、信号系统、仪表及报警装置的构造与维修

(2)向下推出高位制动灯灯壳。

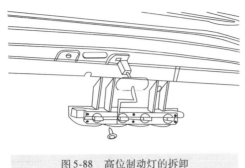

图5-88 高位制动灯的拆卸

(3)拆卸高位制动灯固定螺钉。
(4)断开线束连接插头。
(5)取下高位制动灯。

2 高位制动灯的安装(图5-88)

(1)连接线束连接插头。
(2)将灯放至安装孔,用螺钉上紧高位制动灯,紧固高位制动灯螺钉至2~3N·m。
(3)用卡扣将高位制动灯灯壳固定在灯体上。

任务三 喇叭的更换

一、实训准备

1 实训器材

(1)扭力扳手(图5-89)。
(2)其他工具及器材:五菱荣光汽车(图5-64)、举升机(图2-15)、组合工具(图2-31)、转向盘护套、变速杆手柄套、座位套、脚垫、翼子板和前格栅磁力护裙等。

2 准备工作

(1)汽车进入工位前,将工位清理干净,准备好相关的器材。
(2)将汽车停驻在举升机中央位置(图5-66)。

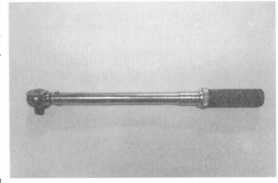

图5-89 扭力扳手

(3)拉紧驻车制动器操纵杆(图5-67),并将变速杆置于空挡位置。
(4)套上转向盘护套、变速杆手柄套和座位套,铺设脚垫(图5-68)。
(5)在车内拉动发动机舱盖手柄(图5-69)。
(6)在车外打开并支撑发动机舱盖(图5-70)。
(7)粘贴翼子板和前格栅磁力护裙(图5-71)。

二 喇叭的更换

1 喇叭的拆卸

(1) 在前保险杠下拆下喇叭总成固定螺栓(图5-90)。
(2) 断开喇叭总成接插件(图5-91)。
(3) 拆卸喇叭总成。

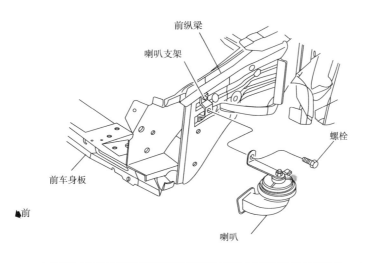

图5-90 喇叭的拆卸(1)

2 喇叭的安装

(1) 用螺栓紧固安装喇叭总成(图5-90),紧固喇叭总成安装螺栓至18～23N·m。
(2) 接上喇叭总成接插件(图5-92)。

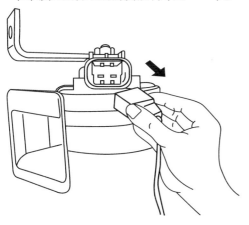

图5-91 喇叭的拆卸(2)

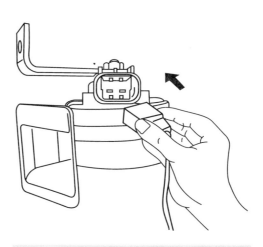

图5-92 喇叭的安装

项目五 照明系统、信号系统、仪表及报警装置的构造与维修

第一部分 理 论 知 识

1. 将图中照明系统的部件名称填入表格中。

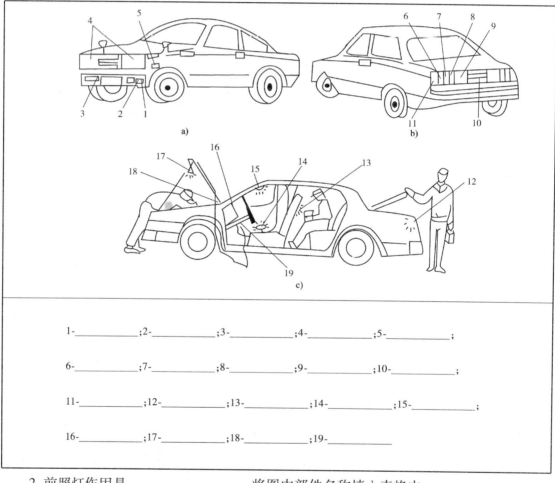

1-_____;2-_____;3-_____;4-_____;5-_____;

6-_____;7-_____;8-_____;9-_____;10-_____;

11-_____;12-_____;13-_____;14-_____;15-_____;

16-_____;17-_____;18-_____;19-_____

2. 前照灯作用是_____。将图中部件名称填入表格中。

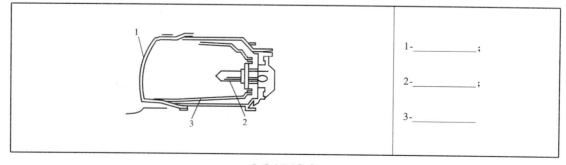

1-_____;

2-_____;

3-_____

3. 将图中传统前照灯部件名称填入表格中。

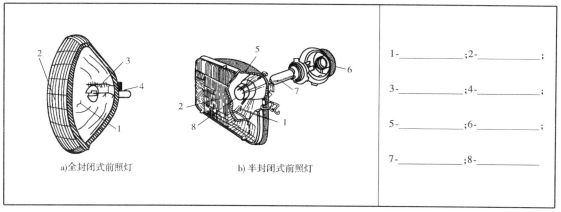

a)全封闭式前照灯　　　b)半封闭式前照灯

1-＿＿＿＿＿；2-＿＿＿＿＿；
3-＿＿＿＿＿；4-＿＿＿＿＿；
5-＿＿＿＿＿；6-＿＿＿＿＿；
7-＿＿＿＿＿；8-＿＿＿＿＿。

4. 将图中HID前照灯部件名称填入表格中。

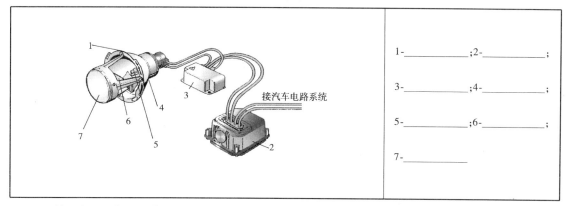

1-＿＿＿＿＿；2-＿＿＿＿＿；
3-＿＿＿＿＿；4-＿＿＿＿＿；
5-＿＿＿＿＿；6-＿＿＿＿＿；
7-＿＿＿＿＿。

5. 前照灯开关。现代汽车的前照灯开关大部分装在转向盘下方。事实上此开关为一组合开关，左侧开关可操纵前照灯及转向灯，右侧开关则用以操纵刮水器及洗涤器电动机。前照灯开关通常有三个位置。

位置一：＿＿＿＿＿＿＿＿＿＿＿＿＿＿＿＿＿＿＿＿＿＿＿＿＿＿＿＿。
位置二：＿＿＿＿＿＿＿＿＿＿＿＿＿＿＿＿＿＿＿＿＿＿＿＿＿＿＿＿。
位置三：＿＿＿＿＿＿＿＿＿＿＿＿＿＿＿＿＿＿＿＿＿＿＿＿＿＿＿＿。

6. 将图中盆形电喇叭部件名称填入表格中。

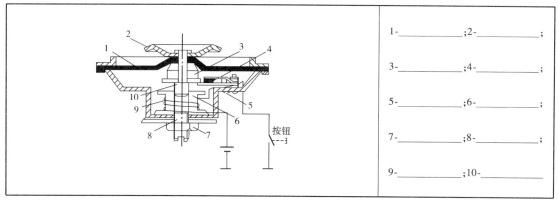

1-＿＿＿＿＿；2-＿＿＿＿＿；
3-＿＿＿＿＿；4-＿＿＿＿＿；
5-＿＿＿＿＿；6-＿＿＿＿＿；
7-＿＿＿＿＿；8-＿＿＿＿＿；
9-＿＿＿＿＿；10-＿＿＿＿＿。

7. 将图中弹簧式制动灯开关部件名称填入表格中。

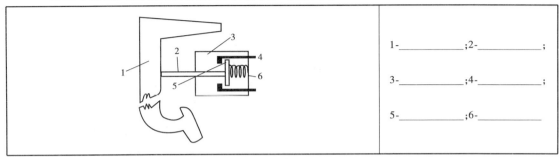

1-_____;2-_____;

3-_____;4-_____;

5-_____;6-_____

8. 将图中一般指针型仪表部件名称填入表格中。

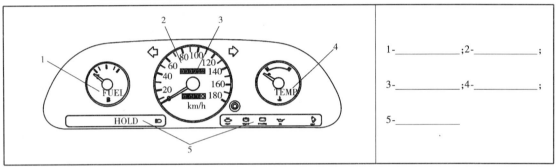

1-_____;2-_____;

3-_____;4-_____;

5-_____

9. 燃油表作用是_____。将图中部件名称填入表格中。

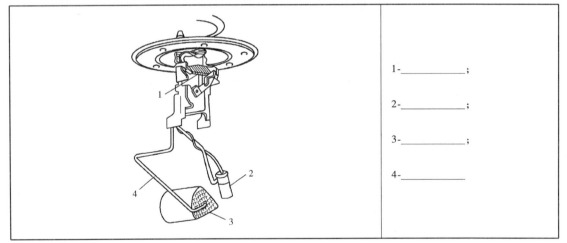

1-_____;

2-_____;

3-_____;

4-_____

10. 将图中机械式车速表部件名称填入表格中。

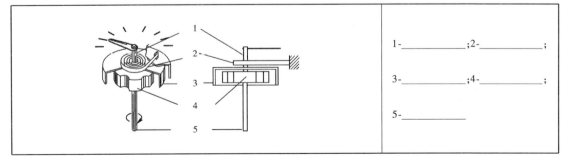

1-_____;2-_____;

3-_____;4-_____;

5-_____

第二部分　实　践　操　作

1. 简述前照灯总成的更换方法。

2. 简述前照灯光束的调整方法。

3. 简述喇叭的更换方法。

第三部分　评价与反馈

考核项目	评分标准	分　数	学生自评	小组评价	教师评价	小　计
团队合作	是否和谐	5				
活动参与	是否积极主动	5				
安全生产	有无安全隐患	10				
现场5S	是否做到	10				
任务方案	是否合理	15				
操作过程	前照灯光束的调整；照明系统部件总成或灯泡的更换；喇叭的更换	30				
任务完成情况	是否圆满完成	5				
工具和设备使用	是否规范、标准	10				
劳动纪律	是否能严格遵守	5				
工单填写	是否完整、规范	5				
总　分		100				
教师签名：			年　月　日		得　分	

项目六

风窗刮水器和洗涤器的构造与维修

任务一　风窗刮水器和洗涤器的认识

一、风窗刮水器和洗涤器的作用

风窗刮水器的作用是用于清除风窗玻璃上的雨水、雪或尘土,以确保驾驶人在雨雾天气的行驶中有良好的视野。由于泥土的飞溅或其他原因会污染风窗玻璃,所以,还设有风窗洗涤装置。有些轿车还装备有前照灯冲洗系统。风窗刮水器和洗涤器系统在车上的布置如图6-1所示。

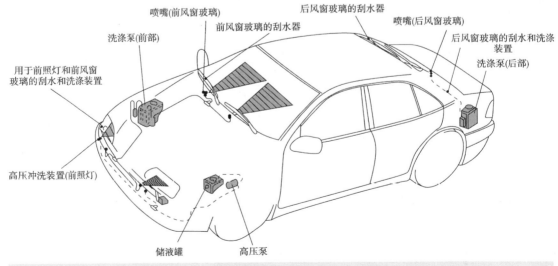

图6-1　风窗刮水器和洗涤器系统在车上的布置

二、风窗刮水器构造与工作原理

1 风窗刮水器的类型

根据风窗刮水器的安装位置的不同,可分为前风窗刮水器和后风窗刮水器两种;根据风窗刮水器的驱动机构的不同,可分为真空式、气动式和电动式三种;根据刮水片连动方式的不同,可分为平行连动式、对向连动式和单臂式三种,如图6-2所示。

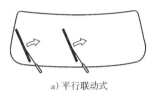
a) 平行联动式

b) 对向联动式

c) 单臂式

图6-2 刮水片连动方式

现代汽车均使用电动机驱动平行连动式风窗刮水器,这样可以保持一定速度摆动,不受发动机转速与负荷变动的影响,且可以随驾驶人需要,视雨势大小调整动作速度。

2 电动风窗刮水器的组成

电动风窗刮水器主要由直流电动机、蜗轮箱、曲柄、连杆、摆杆、摆臂和刮水片等组成,如图6-3所示。一般电动机和蜗杆箱结合成一体组成风窗刮水器电动机总成,刮水片采用橡胶条式,其结构如图6-4所示。

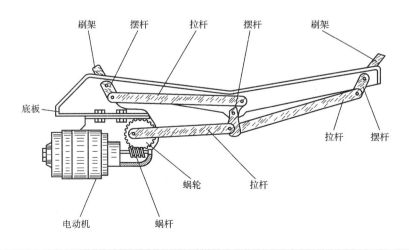

图6-3 电动风窗刮水器的组成

项目六　风窗刮水器和洗涤器的构造与维修

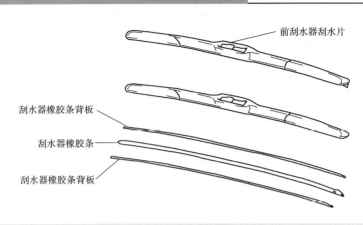

图6-4　刮水片结构

3 电动风窗刮水器的工作原理

电动风窗刮水器的工作过程如图6-5所示，曲柄、连杆和摆杆等杆件可以把蜗轮的旋转运动转变为摆臂的往复摆动，使摆臂上的刮水片实现刮水动作。当风窗刮水器电动机转动时，使蜗轮上的曲臂旋转，经连杆使短臂以电枢中心做扇形运动，此短臂上安装右侧的风窗刮水器臂，另一连杆与左侧的短臂连接，左右两侧的风窗刮水器臂以电枢为中心做同方向左右平行的运动。

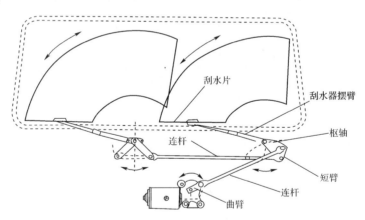

图6-5　风窗刮水器的工作过程

4 风窗刮水器电动机的结构及工作原理

（1）风窗刮水器电动机的结构

风窗刮水器电动机有绕线式和永磁式两种。绕线式风窗刮水电动机的磁极设有励磁绕组，通电流时产生磁场，而永磁式风窗刮水电动机的磁极用永久磁铁制成。

永磁式风窗刮水器电动机体积小、质量小、结构简单、使用广泛。永磁式风窗刮水电动机的结构如图6-6所示，主要由外壳、磁铁总成、电枢、电刷安装板及复位开关、输出齿轮及蜗轮、输出臂等组成。

160

（2）风窗刮水器电动机工作原理

为了满足实际使用的需要,风窗刮水电动机需有不同的工作转数,并且需要具备自动复位功能,能够在任意时刻刮水结束后刮水片应能自动回到风窗玻璃的最下端。

①变速原理。永磁式风窗刮水电动机是利用三个电刷来改变正、负电刷之间串联线圈的个数实现变速的,如图6-7所示。其原理是:风窗刮水电动机工作时,在电枢内同时产生反电动势,其方向与电枢电流的方向相反。如要使电枢旋转,外加电压必须克服反电动势的作用。当电动机转速升高时,反电动势增高,只有当外加电压等于反电动势时,电枢的转速才能稳定。

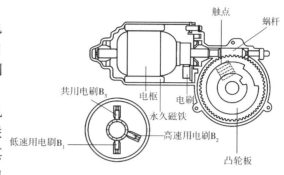

图6-6 永久磁铁式风窗刮水器电动机

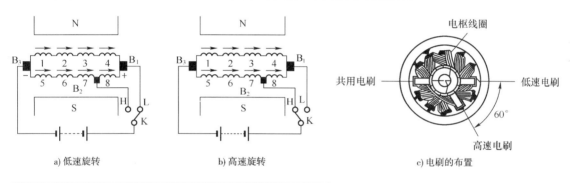

a) 低速旋转　　b) 高速旋转　　c) 电刷的布置

图6-7 永磁式风窗刮水电动机的变速原理

三刷永磁式风窗刮水电动机工作时,电枢绕组产生的反电动势的方向如图6-7中箭头所示。当将风窗刮水器开关K拨向L(低速)时,电源电压U加在电刷B_1和B_3之间。在电刷B_1和B_3之间的两条并联支路中,每条支路中各有4个串联绕组,反电动势的大小与支路中反电动势的大小相等。由于外加电压需要平衡4个绕组所产生的反电动势,故电动机转速较低,见图6-7a)。

当将风窗刮水器开关K拨向H(高速)时,电源电压U加在电刷B_3和B_2之间。绕组1、2、3、4、8同在一条支路中,其中绕组8与绕组1、2、3、4的反电动势方向相反,相互抵消后,使每条支路变为3个绕组,见图6-7b)。由于电动机内部的磁场方向和电枢的旋转方向没有变化,所以各绕组内反电动势的方向与低速时相同。但是,外加电压只需平衡3个绕组所产生的反电动势,故电动机的转速增高。

②电动风窗刮水器自动复位原理。铜环式风窗刮水器自动复位控制电路及自动复位装置结构如图6-8所示。风窗刮水器的开关有三个挡位,它可以控制风窗刮水器的速度和自动复位。四个接线柱分别接复位装置、电动机低速电刷、搭铁、电动机高速电刷。0挡为复位挡,Ⅰ挡为低速挡,Ⅱ挡为高速挡。复位装置在减速蜗轮(由塑料或尼龙材料制成)上,嵌有铜环。此铜环分为两部分,其中一部分铜环与电动机外壳相连(为搭铁)。触点臂用磷铜片或其他弹性材料制成,其一端分别铆有两个触点。由于触点臂具有一定的弹性,因此在蜗

轮转动时，触点与蜗轮的端面和铜滑环保持接触。

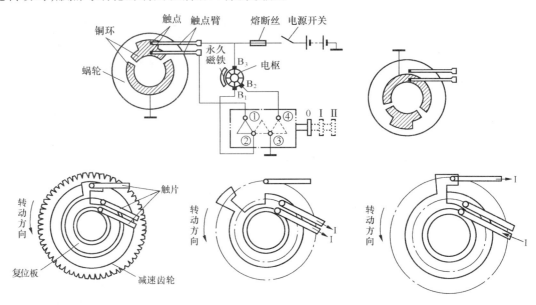

图 6-8 铜环风窗刮水器自动复位装置

当接通电源开关，并把风窗刮水器开关拉出到Ⅰ挡（低速）位置时，电流从蓄电池正极→电源开关熔断丝→电刷 B_3→电枢绕组→电刷 B_1→风窗刮水器开关接线柱②→接触片→风窗刮水器开关接线柱③→搭铁→蓄电池负极，构成回路，电动机以低速运转。

把风窗刮水器开关拉出到Ⅱ挡（高速）位置时，电流从蓄电池正极→电源开关→熔断丝→电刷 B_3→电枢绕组→电刷 B_2 风窗刮水器接线柱④→接触片→风窗刮水器接线柱③→搭铁→蓄电池负极，构成回路，电动机以高速运转。

当把风窗刮水器开关退回到0挡时，如果刮水片没有停止到规定的位置，由于触点与铜环相接触，则电流继续流入电枢，其电路为蓄电池正极→电源开关→熔断丝→电刷 B_3→电枢绕组→电刷 B_1→接线柱②→接触片→接线柱①→触点臂→铜环→搭铁→蓄电池的负极。由此可以看出，电动机仍以低速运转，直至蜗轮旋转到复位位置，电路中断。由于电枢的运动惯性，电动机不能立即停止转动，此时电动机以发电动机方式运行。因此电枢绕组通过触点臂与铜环接通而短路，电枢绕组将产生强大制动力矩，电动机迅速停止运转，使刮水片复位到风窗玻璃的下部。

5 电动风窗刮水器的间歇控制

现代汽车电动风窗刮水器上都加装了电子间歇控制系统，使风窗刮水器能按照一定的周期停止刮水，这样汽车在小雨或雾天中行驶时，可以使驾驶人获得更好的视线。汽车风窗刮水器的间歇控制一般是利用自动复位装置和电子振荡电路或集成电路实现的，风窗刮水器的间歇控制按照间歇时间是否可调分为可调节型和不可调节型。

图6-9为同步间歇风窗刮水器内部控制电路。当风窗刮水器开关置于间歇挡位置（开关处于0位，且间歇开关闭合）时，电源将通过自动复位开关向电容器 C 充电，随着充电时间

的增长,电容器两端的电压逐渐升高。当电容器 C 两端的电压升高到一定值时,晶体管 VT_1 和 VT_2 先后相继由截止转为导通,从而接通继电器磁化线圈的电路,在电磁吸力的作用下,继电器常闭触点打开,常开触点闭合,从而接通了风窗刮水电动机的电路,此时电动机将低速旋转。

当复位装置将自动复位开关的常开触点(下)接通时,电容器 C 通过二极管 D、自动复位装置常开触点迅速放电,此时风窗刮水电动机的通电回路不变,电动机继续转动。随着放电时间的增长,VT_1 和 VT_2 由导通转为截止,从而切断了继电器磁化线圈的电路,继电器复位,常开触点打开,常闭触点闭合。此时由于自动复位开关的常开触点处于闭合状态,电动机仍将继续转动,只有当刮水片回到原位(不影响驾驶人视线位置),自动复位开关的常开触点打开,常闭触点闭合时,电动机

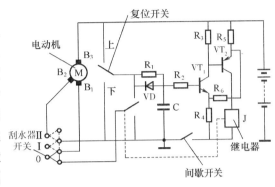

图6-9 同步间歇风窗刮水器内部电路

方能停止转动。继而电源将再次向电容器 C 充电,重复以上过程。如此反复,实现刮水片的间歇动作,其间歇时间的长短取决于 R、C 电路充电时间的常数的大小。

6 柔性风窗刮水器的结构及工作原理

图 6-10 为新型柔性齿条传动风窗刮水器,这种风窗刮水器与一般拉杆传动式风窗刮水器相比,具有体积小、噪声低等优点,而且可将风窗刮水电动机总成安装在空间较大的地方,便于维修。

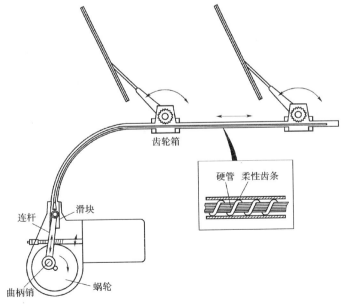

图6-10 柔性齿条风窗刮水器

电动机驱动的涡轮轴上有一个曲柄销,它驱动连杆机构,而连杆和一个装在硬管里的柔性齿条连接,因此,在连杆运转时,齿条则会作往复运动,齿条的往复运动带动齿轮箱中的小齿轮往复运动,从而驱动刮水片往复运动。

三、风窗洗涤器的构造和工作原理

1 风窗清洗器的作用

汽车行驶时,风窗玻璃上常附着灰尘、砂粒等,若不冲洗直接使用风窗刮水器,会使风窗刮水器片损伤,并易使风窗玻璃刮伤;同时风窗玻璃太干燥时,也使风窗刮水器片受到过大的阻力,易使风窗刮水器电动机烧坏。故使用风窗刮水器前,先使洗涤器向风窗玻璃喷水,洗净玻璃上的灰尘、砂粒等,并减少风窗刮水器片的阻力。

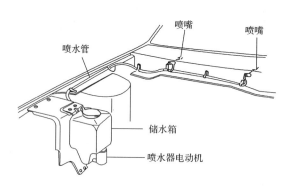

图6-11 洗涤器系统的组成

2 风窗清洗器的组成及工作原理

(1)风窗清洗器的组成。目前汽车使用的风窗洗涤器均为电动式,其结构包括储水箱、水管及喷嘴等部分,电动机及水泵装在储水箱上,如图6-11所示。

(2)风窗清洗装置的工作原理。图6-12为风窗清洗装置的工作原理,当点火开关和喷水开关都闭合时,风窗清洗器喷水电机接通开始转动,并带动与其同轴的水泵旋转,将储水箱中的清洗液加压后通过水管由喷嘴喷出。

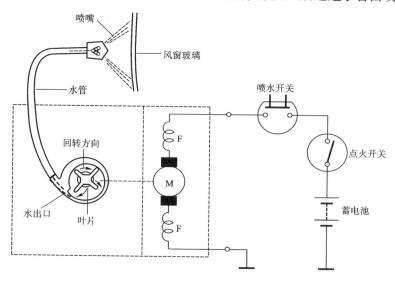

图6-12 风窗清洗装置的工作原理

四 典型电动风窗刮水器和洗涤器控制电路分析

下面以图6-13所示的电动风窗刮水器与洗涤器电路为例,介绍电动风窗刮水器与洗涤器各挡位电路的控制过程。该风窗刮水器电路由点火开关、卸荷继电器、间歇控制器、风窗刮水器开关、风窗洗涤电动机、风窗刮水电动机等组成。风窗刮水器开关有"Tip(点动)"、"0(停止)"、"I(间歇)"、"1(低速)"、"2(高速)"、"Wa(喷水)"6个挡位。

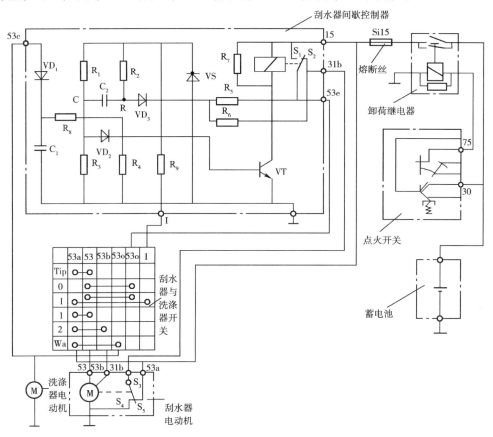

图6-13 奥迪轿车电动风窗刮水器与洗涤器电路图
风窗刮水器开关:Tip-点动状态;0-空挡;I-间歇挡;1-低速挡;2-高速挡;Wa-洗涤挡

1 低速挡

当风窗刮水器开关位于挡位"1"时,电流由蓄电池正极→卸荷继电器→熔断丝→风窗刮水器开关的53a和53接线柱→风窗刮水器电动机53接柱→电动机→搭铁。此时风窗刮水器电动机在低速挡工作。

2 高速挡

当风窗刮水器开关位于挡位"2"时,电流由蓄电池正极→卸荷继电器→熔断丝→风窗刮

项目六 风窗刮水器和洗涤器的构造与维修

水器开关 53a 和 53b 接线柱→风窗刮水器电动机 53b 接柱→电动机→搭铁。此时风窗刮水器电动机在高速挡工作。

3 间歇挡

当风窗刮水器开关位于"Ⅰ"挡时,电源便经熔断丝、风窗刮水器开关 53a 端、风窗刮水器开关内部Ⅰ挡接入间歇控制器的"Ⅰ"端。C_2 被充电:其充电电路为蓄电池正极→熔断丝→风窗刮水器开关 53a→Ⅰ挡→间歇控制器的"Ⅰ"端→R_9→R_2→C_2→VD_2→三极管 VT 的基极、发射极→搭铁→蓄电池负极。此时,C 点的电位为 1.6V,B 点的电位为 5.6V,C_2 两端有 4V 的电位差。

C_2 充电时,其充电电流为三极管 VT 提供偏流,VT 导通,接通了继电器线圈的电路,间歇控制器中的常开触点 S_1 闭合、常闭触点 S_2 打开,电流由蓄电池正极→卸荷继电器→间歇控制器接线柱 15、触点 S_1、接线柱 53e→风窗刮水器开关 53e 接线柱、Ⅰ挡和 53 接线柱→风窗刮水器电动机 53 接线柱→刮水电机→搭铁,此时风窗刮水器在低速挡工作。

当刮水片往返一次又回到风窗玻璃的最下端位置时,风窗刮水电动机也旋转至自动复位位置时,复位开关中触点 S_3、S_4 接通,使电动机的 31b 端搭铁,为 C_2 的放电提供了通路。

C_2 的放电回路有两条:一路经 R_2、R_1 放电;另一条经 VD_3、R_6、31b、电机的自动复位触点 S_3、S_4 接通搭铁、稳压管 VS、R_1 放电。

放电瞬间 B 点电压突然降到 2.8V,由于 C_2 原有 4V 电位差,使 C 点电位降为 -1.2V,三极管 VT 的基极电位翻转为低电平,于是三极管 VT 截止,切断了继电器线圈的电路,则控制器常开触点 S_1 断开、常闭触点 S_2 又闭合,恢复到自然状态时的 31b 与 53e 接通,将电阻 R_5、R_6 并联,加速 C_2 放电,为 C_2 的再充电作准备。

随着 C_2 放电过程的进行,C 点电位逐渐升高,当 C 点电位接近 2V 时,三极管 VT 又导通,C_2 又恢复为充电状态。

可见,只要风窗刮水器开关置于间歇挡,电源便接入间歇控制器的"Ⅰ"端,C_2 就会不间断地充电、放电,晶体管 VT 就会导通、截止反复翻转,使间歇控制器继电器反复接通与断开,如此形成了间歇刮水过程。其刮洗时间为 2~4s,间歇时间为 4~6s,直到断开风窗刮水器开关。

4 自动停机复位

当风窗刮水器开关位于"0"挡时,若此时刮水片没有回到规定位置,则风窗刮水器电动机自动复位开关触点 S_3 与 S_5 相接,电流由蓄电池正极→卸荷继电器→熔断丝→风窗刮水器电动机 53a、S_5、S_3 和 31b→间歇控制器的 31b、动断触点 S_2 和 53e→风窗刮水器开关 53e→"0"挡→风窗刮水电动机 53→搭铁,电动机仍继续旋转;刮水片到达规定位置时,复位开关中的触点 S_3 与 S_5 断开而与 S_4 接通,电动机被短路,产生制动转矩,风窗刮水器回到规定的位置。

5 点动挡

当风窗刮水器开关位于"Tip"挡时,风窗刮水器电动机低速工作;松开风窗刮水器开关手柄时,风窗刮水器开关自动跳回"0"挡,风窗刮水器在复位开关的作用下,回到规定的位置。

6 风窗洗涤

当风窗刮水器开关位于"Wa"挡时,风窗洗涤器和风窗刮水器同时工作。洗涤器电动机的电路为:蓄电池正极→卸荷继电器→熔断丝→风窗刮水器开关53a和53c→洗涤器电动机→搭铁,于是洗涤器电动机带动水泵运转,将洗涤液喷洒到风窗玻璃上。与此同时,通过间歇控制器53c接柱使间歇控制器工作,从而使风窗刮水器电动机间歇挡工作。

在此挡位工作时,若松开风窗刮水器开关手柄,风窗刮水器开关自动回到"0"挡。

五、雨量感知智能风窗刮水装置

雨量感知智能风窗刮水装置是指风窗刮水器的控制电路根据雨量大小自动开闭,自动调节风窗刮水器刮水频率,并自动调节间歇时间。

1 雨量感知智能刮水装置组成

雨量感知智能刮水装置的组成如图6-14所示,主要由雨滴传感器、间歇刮水放大器和风窗刮水器电动机等组成,该装置由雨滴传感器取代无级调整式间歇刮水系统内刮水间歇时间设定装置。

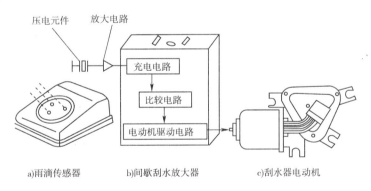

图6-14 雨量感知智能刮水装置组成

雨滴传感器是汽车雨量感知智能刮水装置的重要组成部分,一般安装在风窗玻璃上或发动机盖上,其结构如图6-15所示。

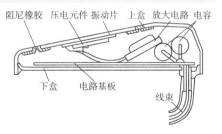

图6-15 压电型雨滴传感器的结构

2 雨量感知智能刮水装置的工作原理

雨量感知智能刮水装置工作时,由于雨滴下落撞击到传感器的振动片上,振动片将振动能量传给压电元件。压电元件受压而产生电压信号,该电压值与撞击振动片上的雨滴的撞击能量成正比。电压信号经过放大后送入间歇刮水放大电路,对放大器的充电电路进行定时充电,电容电压上升。该电压输入比较电路,比较电路将其与基准电压比较。当电容电压达到基准电压时,比较电路向风窗刮水器电动机发出信号,使其工作一次。

当雨量大时,压电元件产生的电信号强,充电电路电压达到基准电压值所需时间短,风窗刮水器的工作间歇时间短;当雨量小时,压电元件产生的电压小,充电电路电压达到基准电压所需时间长,风窗刮水器的工作间歇时间就长。这样,雨量感知智能刮水装置可以根据雨量的大小自动无级调节刮水装置的刮水频率。

任务二　刮水器部件的检查与更换

一、实训准备

1. 实训器材

(1) 弹簧秤(图6-16)。

(2) 其他工具及器材:五菱荣光汽车(见图5-64)、举升机(见图2-15)、组合工具(见图2-31)、扭力扳手(见图5-89)、转向盘护套、变速杆手柄套、座位套、脚垫、翼子板和前格栅磁力护裙等。

2. 准备工作

(1) 汽车进入工位前,将工位清理干净,准备好相关的器材。

(2) 将汽车停驻在举升机中央位置(见图5-66)。

(3) 拉紧驻车制动器操纵杆(图6-17),并将变速杆置于空挡位置。

图6-16　弹簧秤

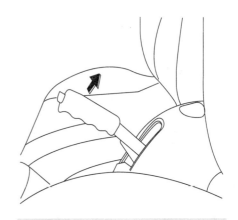

图6-17　拉紧驻车制动器操纵杆

(4) 套上转向盘护套、变速杆手柄套和座位套,铺设脚垫(见图5-68)。

(5) 在车内拉动发动机舱盖手柄(图6-18)。

（6）在车外打开并支撑发动机舱盖（图6-19）。
（7）粘贴翼子板和前格栅磁力护裙（见图5-71）。

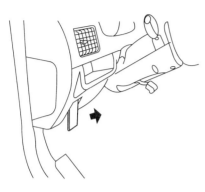

图6-18 拉动发动机舱盖手柄

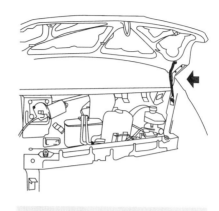

图6-19 支撑发动机舱盖

二 刮水器部件的检查与更换

五菱荣光汽车前风窗玻璃刮水器电动机部件如图6-20所示；后风窗玻璃刮水器电动机部件如图6-21所示。

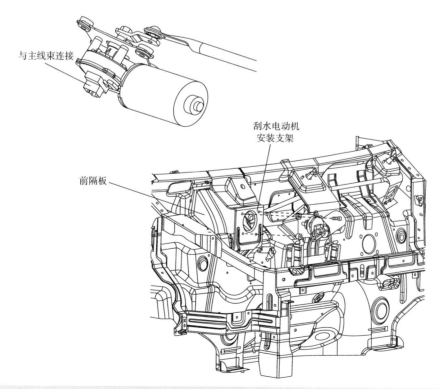

图6-20 前风窗玻璃刮水器电动机部件

项目六 风窗刮水器和洗涤器的构造与维修

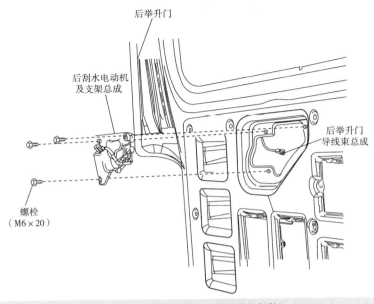

图 6-21 后风窗玻璃刮水器电动机部件

1 刮水器臂端压力和刮片胶条的检查

1 刮水器臂端压力的检查

(1) 使刮水器臂和刮片运行到中间位置。
(2) 从刮水器臂上拆卸刮水器刮片。
(3) 如图 6-22 所示,将弹簧秤连接到刮水器臂一端,并测量垂直于风窗玻璃将刮水器臂后举升到正常工作高度(连接有刮片时的高度)所需的力。端压力应为 6~8N。
(4) 如果测量值不符合规定,更换刮水器臂。
(5) 在刮水器臂上安装刮水器刮片。

2 刮片胶条的检查

(1) 从刮水器臂上拆卸刮水器刮片。
(2) 检查刮水器刮片胶条长度。
(3) 如果与玻璃接触的橡胶件未在刮片中心线 ±15° 内(图 6-23),更换刮水器刮片胶条。

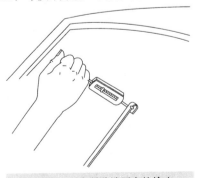

图 6-22 刮水器臂端压力的检查

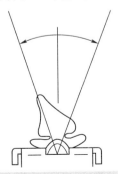

图 6-23 刮片胶条的检查

(4)在刮水器臂上安装刮水器刮片。

2 刮水器臂总成的更换

1 刮水器臂总成的拆卸

(1)将点火开关拨到 ACC 位置。
(2)将刮水器开关置于间歇(INT)位置。
(3)当刮水器臂位于停止位置时,关闭点火开关。
(4)从螺母上揭去防水盖。
(5)从刮水器臂上拆去螺母(图6-24)。
(6)通过摇动从刮水器变速器驱动轴上拆去刮水器臂总成。

2 刮水器臂总成的安装

(1)将刮水器臂总成安装到刮水器变速器驱动轴上。
①将点火开关放到 ACC 位置。
②将刮水器开关置于间歇(INT)位置。风窗玻璃刮水器电动机应运行。
③当刮水器传动系统处于停止时,关闭点火开关。
④在刮水器变速器驱动轴上安装刮水器臂,同时保持刮刷盖住前风窗玻璃下方黑边上的白线。
(2)将螺母安装到刮水器变速器驱动轴和刮水器臂上(图6-24)。将螺母紧固至 18~22N·m。
(3)在螺母上盖上防水盖。
(4)操作刮水器并且检查工作是否正常。

3 后刮水器臂的更换

1 后刮水器臂的拆卸

(1)将点火开关拨到 ACC 位置。
(2)将后刮水器开关置于间歇(INT)位置。
(3)当后刮水器臂处于停置位置且不移动时,关闭点火开关。
(4)从螺母上移去防水盖。
(5)从电动机轴上拆除螺母(图6-25)。
(6)从电动机轴上拆除后刮水器臂。
(7)从刮水器上拆卸刮水器刮片。

2 后刮水器臂的安装

(1)将刮水器刮片安装到刮水器臂上。
(2)将后刮水器臂安装在电动机轴上。
①将点火开关放到 ACC 位置。
②将后刮水器开关置于间歇(INT)位置。后刮水器系统应在运行。
③当刮水器驱动系统处于停置位置且不移动时,关闭点火开关。

项目六 风窗刮水器和洗涤器的构造与维修

④将后刮水器臂安装在电动机轴上。

(3)将螺母安装在电动机轴上(图6-25),将螺母紧固至9～11N·m。

(4)按下防水盖。

(5)运转后刮水器,查看运转是否正常。

图6-24 刮水器臂总成的拆卸

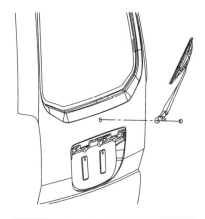

图6-25 后刮水器臂的拆卸

4 刮水器臂刮片及其弹片、胶条的更换

1 刮水器臂刮片及其弹片、胶条的拆卸

(1)如图6-26所示,推入刮水器刮片夹子的底部并且从刮水器臂的内侧拆下刮水器刮片。

(2)如图6-27所示,通过刮水器刮片开口取出刮水器臂。

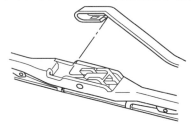

图6-26 刮水器臂刮片及其弹片、胶条的拆卸(1)

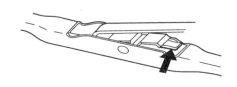

图6-27 刮水器臂刮片及其弹片、胶条的拆卸(2)

(3)如图6-28所示,从刮片下端将弹片取出。

(4)如图6-29所示,将胶条从刮片骨架中取出。

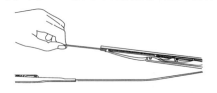

图6-28 刮水器臂刮片及其弹片、胶条的拆卸(3)

图6-29 刮水器臂刮片及其弹片、胶条的拆卸(4)

2 刮水器臂刮片及其弹片、胶条的安装

（1）将胶条装入刮片骨架（见图6-29）。

（2）从刮片下端将弹片装入（见图6-28）。

（3）通过刮水器刮片开口安装刮水器臂钩（见图6-26）。

（4）将刮水器刮片钩槽部位放在刮水器臂钩内侧。

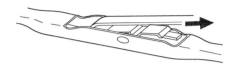

图6-30 刮水器臂刮片及其弹片、胶条的安装

（5）如图6-30所示，将刮水器刮片钩槽部位拉入刮水器臂钩，直到钩槽部位锁住钩子。

（6）使刮水器工作并检查运转是否正常。

5 刮水器电动机（连同摇臂和传动件）的更换

1 刮水器电动机（连同摇臂和传动件）的拆卸

（1）从刮水器传动杆驱动轴上拆卸刮水器臂。

（2）从车辆上拆卸上安装板装饰组件。

（3）拆卸刮水器连杆总成固定螺母。

（4）如图6-31所示，从刮水电动机及支架总成上拆卸刮水器连杆接头。

（5）从车身上拆卸刮水器连杆总成。

（6）如图6-32所示，从刮水电动机及支架总成上拆卸安装螺栓。

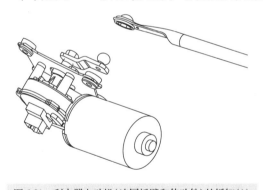

图6-31 刮水器电动机（连同摇臂和传动件）的拆卸（1）

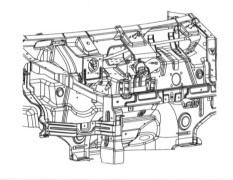

图6-32 刮水器电动机（连同摇臂和传动件）的拆卸（2）

（7）断开主线束与刮水电动机线束连接。

（8）拆下刮水电动机及支架总成。

2 刮水器电动机（连同摇臂和传动件）的安装

（1）将刮水电动机及支架总成安装到车身上（见图6-32），紧固螺栓至9~12N·m。

（2）连接主线束与刮水电动机线束。

（3）将刮水器连杆总成安装到车身上。

（4）连接刮水电动机及支架总成与刮水器连杆接头。

（5）将刮水器连杆总成穿过车身安装孔，用螺母紧固（见图6-31），紧固螺母至9~12N·m。

项目六 风窗刮水器和洗涤器的构造与维修

(6)在车辆上安装上安装板装饰组件。
(7)将刮水器臂安装入刮水器传动装置驱动轴中。
(8)使刮水器工作并且检查运转是否正常。

第一部分 理论知识

1. 风窗刮水器作用是 _____。将图中部件名称填入表格中。

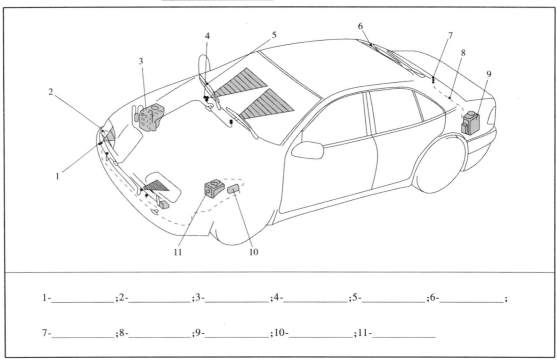

1-_____;2-_____;3-_____;4-_____;5-_____;6-_____;
7-_____;8-_____;9-_____;10-_____;11-_____

2. 将图中电动风窗刮水器部件名称填入表格中。

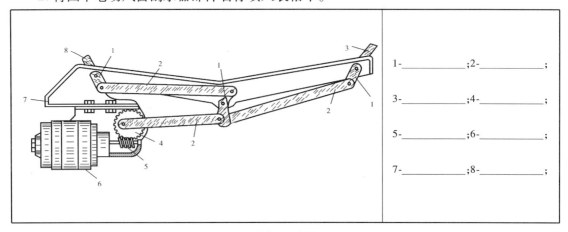

1-_____;2-_____;
3-_____;4-_____;
5-_____;6-_____;
7-_____;8-_____

3. 将图中风窗刮水器电动机部件名称填入表格中。

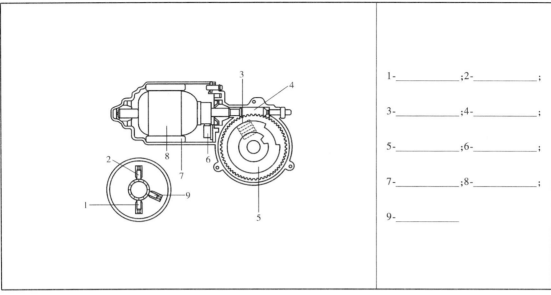

1-_____;2-_____;
3-_____;4-_____;
5-_____;6-_____;
7-_____;8-_____;
9-_____

4. 将图中新型柔性齿条传动风窗刮水器部件名称填入表格中。

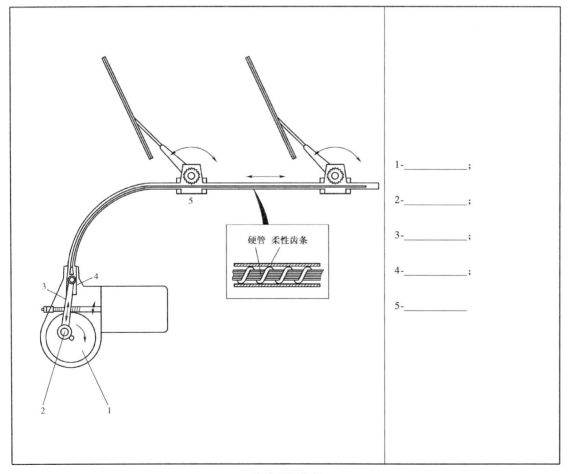

1-_____;

2-_____;

3-_____;

4-_____;

5-_____

项目六 风窗刮水器和洗涤器的构造与维修

5. 将图中风窗清洗器部件名称填入表格中。

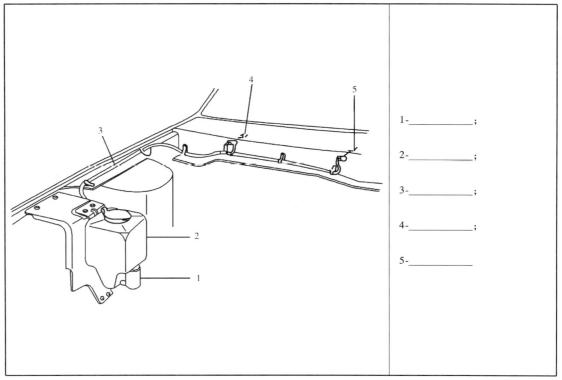

1-_____；

2-_____；

3-_____；

4-_____；

5-_____。

6. 将图中风窗清洗装置部件名称填入表格中。

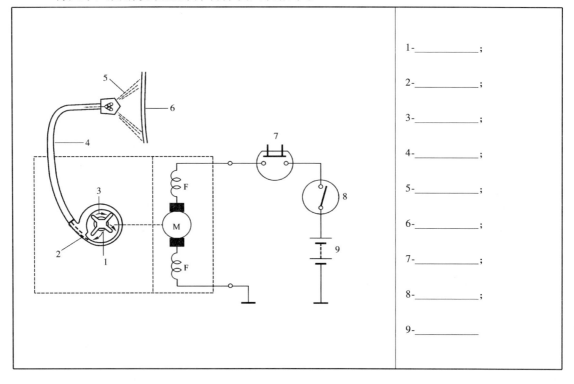

1-_____；

2-_____；

3-_____；

4-_____；

5-_____；

6-_____；

7-_____；

8-_____；

9-_____。

第二部分　实　践　操　作

1. 刮水器臂端压力的检查。将弹簧秤连接到刮水器臂一端并测量垂直于风窗玻璃将刮水器臂后举升到正常工作高度（连接有刮片时的高度）所需的力。端压力应为 6~8N。

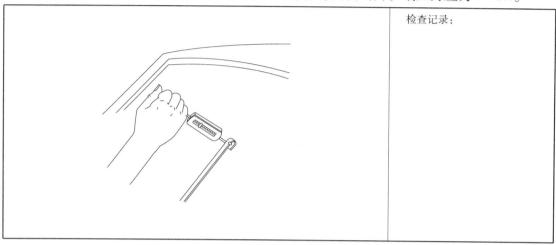

检查记录：

2. 刮片胶条的检查。从刮水器臂上拆卸刮水器刮片。检查刮水器刮片胶条长度。如果与玻璃接触的橡胶件未在刮片中心线 ±15°内，应更换刮水器刮片胶条。

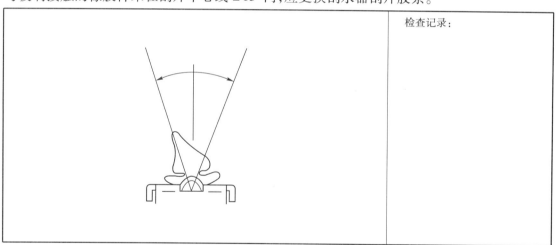

检查记录：

3. 简述刮水器主要部件更换方法。

项目六 风窗刮水器和洗涤器的构造与维修

第三部分 评价与反馈

考核项目	评分标准	分　数	学生自评	小组评价	教师评价	小　计
团队合作	是否和谐	5				
活动参与	是否积极主动	5				
安全生产	有无安全隐患	10				
现场5S	是否做到	10				
任务方案	是否合理	15				
操作过程	刮水器部件的检查；刮水器部件的更换	30				
任务完成情况	是否圆满完成	5				
工具和设备使用	是否规范、标准	10				
劳动纪律	是否能严格遵守	5				
工单填写	是否完整、规范	5				
总　分		100				
教师签名：			年　　月　　日		得分	

汽车电气设备构造与维修理实一体化教材

项目七 汽车空调系统的构造与维修

任务一 空调系统的认识

一、空调系统基础知识

为了深入理解空调的工作原理,需要了解和掌握一些如热传递、物态变化、温度、压强、湿度等基础知识。

1. 热传递的基本形式

空调的工作过程实际就是热量的传递和转移的过程,热量都是通过传导、对流、辐射或这三种方式的任意组合传递的。

(1)热传导。热在物质内的直接传递称为热传导,如图7-1所示。例如,加热铜棒的一端另一端会逐渐变热。

(2)热对流。受热液体或气体的运动使热传递称为热对流。如图7-2所示,用水壶烧水时,壶底部的水分子受热彼此分开并上升,周围冷的重的液体或气体流到底部,不断循环,水就会被烧开。

(3)热辐射。热辐射是指以红外线方式发射和传递热,如图7-3所示。物体产生的热变成红外线,当红外线射到物体上时,就使物体分子运动加剧,如太阳能热水器。

2. 物质状态的变化

物质有固态、液态和气态三种状态,其变化形式如图7-4所示。在同一温度、压力下物质只会向一种状态转变,在某些特殊情况下,物质(如干冰)受热后可由固态直接变为气态。

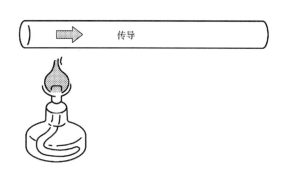

| 图7-1 热传导 | 图7-2 热对流 |

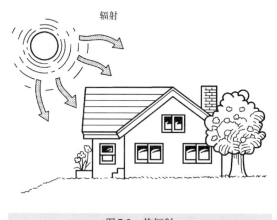

图7-3 热辐射

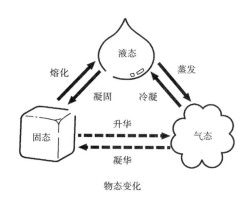

图7-4 物态变化

汽车的空调制冷系统就是利用液体蒸发从物体上带走热量的原理,通过制冷剂的循环将热量由车内带到室外的。

3 温度

温度是物体冷暖程度的标志。温度越高,物体就越热。常见的温度标定方法主要有三种,即摄氏温标,以符号 t 表示,单位为摄氏度（℃）；华氏温标,单位为（℉）；绝对温标,也称热力学温标或开氏温标,以符号 T 表示,单位为（K）,这三种温标之间的关系为：

摄氏温度（℃）＝5/9[华氏温度（℉）－32]
绝对温度（K）＝摄氏温度（℃）＋273.15

4 压强

作用在单位面积上的压力称为压强。在任何表面上,由于大气的重量所产生的压力,也就是单位面积上所受到的力,叫做大气压。

压强的单位通常用每平方米的作用力表示。例如,1平方米面积上的作用力是1牛顿,也就是1帕斯卡,用符号 Pa 表示。帕斯卡是一个很小的单位,因此常用1000 Pa 作为一个单位,用"kPa"（千帕）表示；也常将1000000 Pa 作为一个单位,用

"MPa"(兆帕)表示。在海平面,大气压为101.325kPa(或0.1013MPa),将这一数值定义为一个标准大气压。

一个大气压(atm) = 101.325 千帕(kPa) = 1.03 千克力/平方厘米(kgf/cm^2) = 760 毫米汞柱(mmHg) = 14.6 磅/平方英寸(psi)。

压力表指示的压力是系统内的压力与外界大气压力的差值,称为工作压力或表压力。用压力表测大气压力,其指示值为0。

液体的沸点随压强的增大而升高;反之,在低压强下,液体的沸点也会相应降低。

5 空气湿度

空气中所含的水蒸气量称为湿度。湿度较高时人就会感到不舒适。湿度大小有两种表示方法,一种叫相对湿度,另一种叫绝对湿度。

(1)相对湿度。相对湿度是指在某一温度下,空气中实际含水蒸气量(以重量计)与空气在该温下所能含水蒸气量(重量)之比。通常随着温度的升高,空气中所能含的水蒸气量会增加,如果空气的实际含水蒸气量不变,温度升高,则空气的相对湿度下降。

(2)绝对湿度。绝对湿度是指空气中所含水蒸气的量(重量)与干燥空气量之比。

二 空调系统的作用和组成

1 空调系统作用

汽车空调系统即车内空气调节装置,用于对车内空气的温度、湿度及清洁度进行调节控制,为乘员提供舒适的车内环境,能预防或除去附着在风窗玻璃上的雾、霜或冰雪,以确保驾驶人的视野清晰与行车安全。空调系统具有以下功用:

(1)温度调节。调节车内温度是汽车空调的基本功能,在冬季,利用汽车空调的采暖装置可升高车室内的温度;在夏季,则利用制冷装置实现车内降温。

(2)湿度调节。通过制冷装置冷却降温去除空气中的水分,并由采暖装置升温以降低空气的相对湿度。

(3)气流调节。空气的流速和方向对人体舒适性影响很大,通过调节车内出风口的位置、出风的方向及风量大小可以达到人体舒适性的要求。

(4)净化空气。由于车内空间小,乘员密度大,车内极易出现缺氧和二氧化碳浓度过高的情况;汽车发动机废气中的一氧化碳和道路上的粉尘、野外有毒的花粉都容易进入车内,造成车内空气污浊,影响乘员的身体健康,因此必须要求汽车空调具有补充车外新鲜空气、过滤和净化车内空气的功能。一般汽车空调装置上都设有进风门、排风门、空气过滤装置和空气净化装置。

2 空调系统的组成

为了实现空调系统上述功能,汽车空调系统一般由制冷系统、采暖系统、通风装置、加湿装置、空气净化装置和控制装置等组成,其在车上布置如图7-5所示。

项目七 汽车空调系统的构造与维修

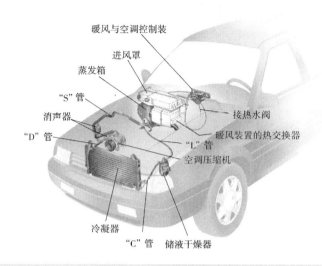

图7-5 空调系统在车上布置图

三 空调制冷系统

1 空调制冷系统的组成

汽车空调制冷系统主要由压缩机、冷凝器、储液干燥器、膨胀阀、蒸发器、导管与软管、压力开关等组成,如图7-6所示。

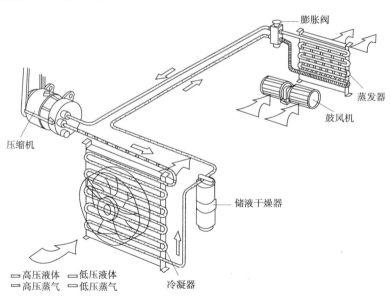

图7-6 空调制冷系统的组成

空调制冷系统可分为两类,一类是膨胀阀系统,另一类是孔管系统,如图7-7所示。它们的区别一是所用的节流膨胀装置的结构不同;二是具有储液干燥功能的部件即储液干燥器和储液罐的安装位置不同。

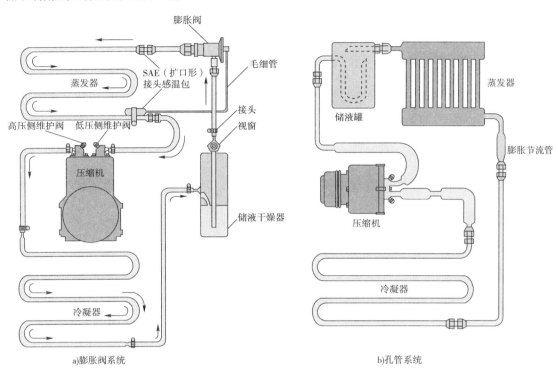

图 7-7 空调制冷系统类型

2 空调制冷系统的工作原理

汽车空调制冷系统的循环示意图如图 7-8 所示,制冷系统的循环过程和工作原理如图 7-9 所示,分为压缩过程、放热过程、节流过程和吸热过程。

(1)压缩过程。汽车空调压缩机吸入蒸发器出口处的低温低压制冷剂气体,把它压缩成高温高压气体排出压缩机,经管道进入冷凝器。

(2)放热过程。高温高压的过热制冷剂气体进入冷凝器后,由于温度的降低,达到制冷剂的饱和蒸气温度后,制冷剂气体就会冷凝成液体,并放出大量的液化气热。

(3)节流过程。温度和压力较高的液态制冷剂通过膨胀装置后体积变大,压力和温度急剧下降,以雾状排出膨胀装置。

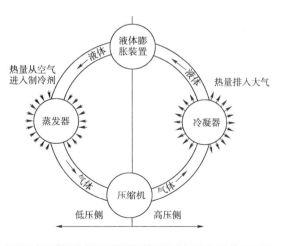

图 7-8 空调制冷系统的循环示意图

(4)吸热过程。雾状制冷剂液体进入蒸发器,由于压力急剧下降,达到饱和蒸气压力,液态制冷剂会蒸发成气体。蒸发过程中吸收大量的蒸发器表面热量，变成低温低压气体后，再次循环进入压缩机。

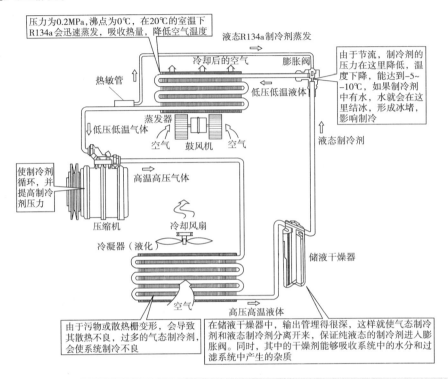

图7-9　空调系统的循环和原理图

3 制冷剂

在制冷系统中用于转换热量并且循环流动的物质称为制冷剂，俗称冷媒。

目前，汽车空调制冷系统使用的制冷剂通常有R12和R134a两种，其中英文字母R是制冷剂（Refrigerant）的简称，数字代号使用的是美国制冷工程师协会（ASRE）编制的代号系统。

（1）R12制冷剂的特性。R12制冷剂（图7-10）是汽车空调中曾广泛使用的制冷剂，其分子式为CF_2Cl_2，化学名称为二氟二氯甲烷，主要特性如下：

①无色、无刺激性臭味，一般情况下不具有毒性，对人体没有直接危害，不燃烧、无爆炸危险，热稳定性好。

②在一个标准大气压下R12的沸点为-29.8℃，凝固温度为-158℃。

③R12对一般金属没有腐蚀作用。

④使用R12的制冷系统要求使用特制的橡胶密封件。

⑤R12有良好的绝缘性能。

⑥R12液态时对冷冻润滑油的溶解度无限制，可以任何比例溶解。这样在整个制冷循环中，冷冻润滑油通过R12参与循环，对空调压缩机进行润滑。

图7-10　R12制冷剂

⑦R12对水的溶解度很小。

由于R12对大气臭氧层有很强的破坏作用,因此,在目前生产的汽车空调制冷系统中已经被R134a所替代,但还有很多早期生产的在用汽车空调制冷系统的制冷剂仍为R12。

(2) R134a制冷剂的特性。R134a制冷剂的分子式为CH_2FCF_3,是卤代烃类制冷剂中的一种。R134a制冷剂与R12制冷剂相比,其热力学性能均与R12相近,具有无色、无臭、不燃烧、不爆炸、基本无毒的特性。但是,采用制冷剂R134a的汽车空调中,在结构与材料方面与R12空调系统还是有很大区别的,两种制冷系统中的制冷剂是不能互换使用的。

R134a和R12不能混用,这是因为R134a能够溶解R12的密封材料(硝丁二烯)导致系统泄露。

(3) 对制冷剂操作时的安全措施。在制冷剂进行操作时必须遵守一些安全注意事项:

①装制冷剂的钢瓶要储存在阴凉、干燥、通风的地方,运输过程中要严防振动和撞击。

②在充灌制冷剂时,对装制冷剂的容器加热,应在40℃以下的温水中进行,而不可将其直接放在火上烘烤。否则,会引起内部的制冷剂压力增大,导致容器发生爆炸。

③在操作制冷剂时要穿劳保服并且戴防护镜。制冷剂在大气环境下会急剧蒸发,当其液体落到皮肤上时,会从皮肤上大量吸热而蒸发,造成局部冻伤;空调系统的高压侧有高压,如果高压管破裂,会造成眼睛严重伤害。

④要避开明火。制冷剂不会燃烧和爆炸,但与明火接触时,会分解出对人体有害的光气。

⑤在检查和添加制冷剂或打开制冷系统管路时,要在通风良好的地方进行操作。否则,当制冷剂排到大气中超过一定量时,会使人窒息。

注意:一旦R12进入眼内,不要擦它,应立即往眼内滴入几滴灭菌矿物油,然后用水清洗,戴上灭菌纱布之后立刻去看医生。同样,如果皮肤和眼睛接触到R134a也应立即用凉水清洗,然后去看医生。

4 冷冻润滑油

冷冻润滑油也叫冷冻油,是制冷压缩机的专用润滑油,冷冻润滑油在空调制冷系统中完全溶于制冷剂中,并随制冷剂一起在制冷系统中循环,它可保证压缩机正常运转、可靠工作和延长使用寿命。冷冻润滑油具有润滑、密封、冷却和降低压缩机噪声等作用。

压缩机机油为清澈的浅黄色、无味液体,任何杂质都会使其从棕色变为黑色。根据这一特性,如果系统中的机油气味浓重,就可说明机油已不纯净,必须清除或更换新机油。

R134a的机油和R12的机油两者同样不能混用。R134a的机油为合成油(聚烯烃油),R12的机油为矿物油,见表7-1。R12的密封件会被合成油腐蚀,R134a与矿物油不相溶,像水与油放到一起一样。R12与R134a的压缩机机油不相溶,R134a的压缩机机油不会随制冷剂一起循环,因而不能返回压缩机内,其结果会大大减少压缩机的使用寿命,所以两者不能混用。

冷冻润滑油型号　　　　　　　　　　　　　　　　　　　　　表7-1

制冷剂类型	R134a	R12
压缩机机油型号	ND-OIL 8	ND-OIL 6
压缩机机油类型	聚烃乙二醇(合成油)	矿物质油

（1）冷冻润滑油的牌号。按黏度的不同，国产冷冻润滑油牌号有 13 号、18 号、25 号和 30 号 4 种，牌号越大，其黏度也越大。进口冷冻润滑油有 3 种牌号：SUNISO 3GS、SUNISO 4GS 和 SUNISO 5GS。目前，汽车空调制冷系统通常选用国产 18 号和 25 号冷冻润滑油，或进口 SUNISO 5GS 冷冻润滑油。

（2）冷冻机油的使用注意事项。在使用冷冻机油时应注意以下事项：

①必须严格使用原车空调压缩机所规定的冷冻机油牌号或换用具有同等性能的冷冻机油。

②冷冻机油吸收潮气能力极强，加注或更换时，操作必须迅速，在加注完后应立即将油罐的盖子封紧储存，不得有渗透现象。

③不能使用变质的冷冻机油。

④只允许加到规定的用量，绝不允许过量使用，以免降低制冷效果。

⑤在排放制冷剂时要缓缓进行，以免冷冻机油和制冷剂一起喷出。

注意：当处理压缩机机油时，应戴防护手套。如果机油接触皮肤时，应立即用肥皂水冲洗。皮肤刺激可能会发展成长期或重复感染。

5 空调制冷系统主要部件的结构

制冷循环系统中各部件在车上的安装位置如图 7-11 所示。

1 压缩机

压缩机（图 7-12）作用是使制冷剂保持循环。压缩机的吸气侧抽吸制冷剂蒸汽，然后制冷剂流经压缩机的出口或排放侧，对其加压。高压、高温的制冷剂被压出压缩机而流入冷凝器。

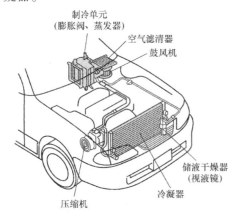

图 7-11 制冷系统各部件在车上的布置

图 7-12 压缩机

压缩机有两个重要的功能：一是使系统内产生低压条件，二是使制冷剂循环，把制冷剂蒸汽从低压压缩至高压，两种功能同时完成。

目前在汽车空调系统中所采用的压缩机有多种类型，比较常见的有斜盘式压缩机、叶片式压缩机、涡旋式压缩机、曲轴连杆式压缩机等。此外，压缩机还可分为定排量和变排量的两种形式，变排量压缩机可根据空调系统的制冷负荷自动改变排量，使空调系统运行更加经济。

(1) 旋转斜盘式压缩机。

①结构。旋转斜盘式压缩机的结构如图 7-13 所示,这种压缩机通常在机体圆周方向上布置有 3 个或者 5 个汽缸,每个汽缸中安装一个双向活塞,形成 6 缸机或 10 缸机,每个汽缸两头都有进气阀和排气阀。活塞由斜盘驱动在汽缸中往复运动,活塞的一侧压缩时,另一侧则为进气。

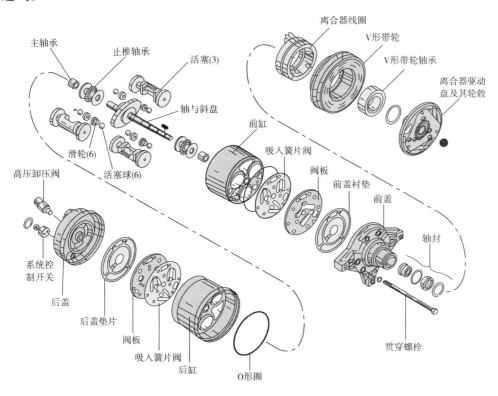

图 7-13 旋转斜盘式压缩机的结构

②工作过程。旋转斜盘式压缩机的工作过程如图 7-14 所示,压缩机轴旋转时,轴上的斜盘同时驱动所有的活塞运动,部分活塞向左运动,部分活塞向右运动。当活塞向左运动时,活塞左侧的空间缩小,制冷剂被压缩,压力升高,打开排气阀,向外排出;此时,活塞右侧空间增大,压力减小,进气阀开启,制冷剂进入汽缸。由于进、排气阀均为单向阀结构,所以保证制冷剂不会倒流。

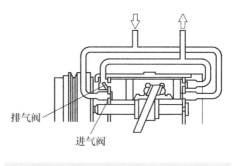

图 7-14 旋转斜盘式压缩机的工作过程

(2) 叶片式压缩机。

①结构。叶片式压缩机的结构如图 7-15 所示,在叶轮上安装有若干叶片,与机体形成几个密封的空间,在机体上安装有吸气孔、排气孔和排气阀。在叶轮旋转时,密封空间的体积会发生变化,从而完成进气、压缩和排气的过程。

项目七　汽车空调系统的构造与维修

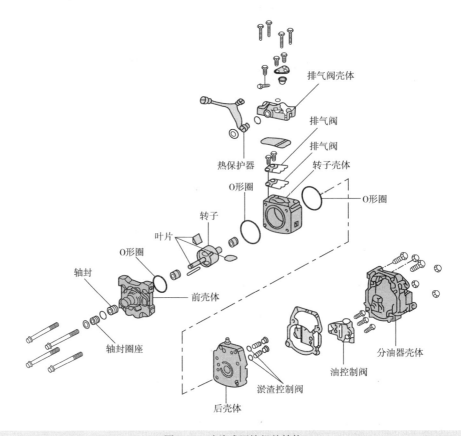

图 7-15　叶片式压缩机的结构

②工作过程。叶片式压缩机的工作过程如图 7-16 所示。制冷剂是通过进气孔流入压缩机的。叶片之间的压力室充满制冷剂。进气孔是由叶片关闭。转子旋转时,压力室体积变小挤压制冷剂。然后,加压的制冷剂经过排气孔被排出。

（3）涡旋式压缩机。

①结构。涡旋式压缩机的结构如图 7-17 所示,其关键部件是涡旋定子和涡旋转子。定子安装在机体上,转子通过轴承装在轴上,转子与轴有一定的偏心,定子与转子安装好后,可形成月牙形的密封空间,排气口位于定子的中心部位,进气口位于定子的边缘。

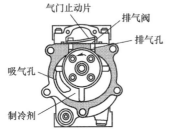

图 7-16　叶片式压缩机的工作原理

②工作过程。当压缩机旋转时,转子相对于定子运动,使两者之间的月牙形空间的体积和位置都在发生变化,体积在外部进气口处大,在中心排气口处小,进气口体积增大使制冷剂吸入,当到达中心排气口部位时,体积缩小,制冷剂被压缩排出。

（4）变容量压缩机。图 7-18 是一种摇板式变排量压缩机,其结构与旋转斜盘式压缩机类似,通过斜盘驱动周向分布的活塞,只是将双向活塞变为单向活塞,并可通过改变斜盘的角度来改变活塞的行程,从而改变压缩机的排量。根据斜盘调节方式的不同可分为压力调节式和电磁阀调节式两种。

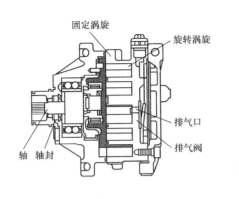
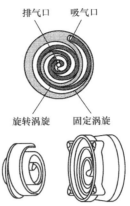

图 7-17　涡旋式压缩机的结构

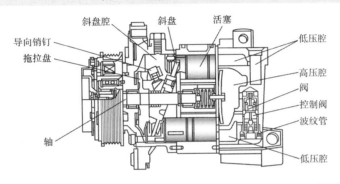

图 7-18　摇摆斜盘式压缩机的结构

② 冷凝器

冷凝器的作用是将压缩机送来的高温、高压的气态制冷剂转变为液态制冷剂,制冷剂在冷凝器中散热而发生状态的改变。冷凝器是一个热交换器,它将制冷剂在车内吸收的热量通过冷凝器散发到大气中。

冷凝器通常安装在汽车的前面(一般安装在散热器前),通过风扇进行冷却(冷凝器风扇一般与散热器风扇共用,也有车型采用专用的冷凝器风扇)。冷凝器的结构形式主要有管片式、管带式以及平行流式三种,如图 7-19 所示。

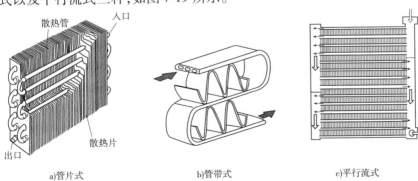

a)管片式　　　　b)管带式　　　　c)平行流式

图 7-19　冷凝器的结构形式

项目七 汽车空调系统的构造与维修

3 储液干燥器

储液干燥器主要作用有储存制冷剂、过滤水分与杂质、防止气态制冷剂进入蒸发器等。还提供了系统内液态制冷剂的缓冲空间，能及时调整和补充供给膨胀阀的制冷剂流量，以保证系统内制冷剂流动的连续性和稳定性。

储液干燥器安装于冷凝器与膨胀阀之间，由储液干燥器体、过滤器、干燥剂、引出管和观察窗玻璃等构成，通过观察窗可观察制冷剂的流动情况，确定制冷剂的量，如图7-20所示。

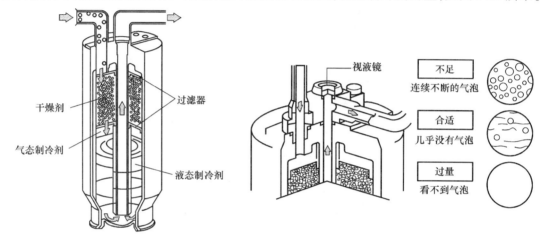

图7-20 储液干燥器

4 集液器

集液器用于孔管式的制冷系统，安装在蒸发器出口处的管路中。由于孔管无法调节制冷剂的流量，因此蒸发器出来的制冷剂不一定全部是气体，还可能有部分液体。为防止压缩机损坏，在蒸发器出口处安装有集液器。集液器一方面将制冷剂进行气液分离，制冷剂进入集液器后，液体部分沉在集液器底部，气体部分从上面的管路出去进入压缩机。另一方面可以起到与储液干燥器相同的作用，其结构如图7-21所示。

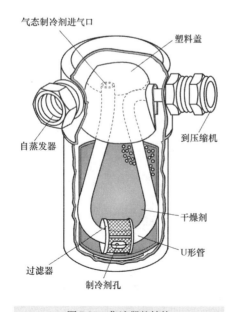

图7-21 集液器的结构

5 膨胀阀

膨胀阀安装在蒸发器的入口处，其作用是将从储液干燥器出来的高温、高压的液态制冷剂从膨胀阀的小孔喷出，使其降压、体积膨胀，转化为雾状制冷剂，在蒸发器中吸热变为气态制冷剂，同时还可根据制冷负荷的大小调节制冷剂的流量，确保蒸发器出口处的制冷剂全部转化为气体。

膨胀阀可为外平衡式膨胀阀、内平衡式膨胀阀和H形膨胀阀三种结构形式。

（1）外平衡式膨胀阀。外平衡式膨胀阀的入口接储液干燥器,出口接蒸发器,其结构如图7-22所示。

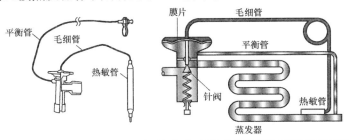

图7-22 外平衡式膨胀阀

在膨胀阀的上部有一个膜片,膜片上方通过一条细管接一个感温包。感温包安装在蒸发器出口的管路上,内部充满制冷剂气体,蒸发器出口处的温度发生变化时,感温包内的气体体积也会发生变化,进而产生压力变化,这个压力变化就作用在膜片的上方。膜片下方的腔室还有一根平衡管通蒸发器出口。阀的中部有一阀门,阀门控制制冷剂的流量。阀门的下方有一个调整弹簧,弹簧的弹力可使阀门关闭,该弹力通过阀门上方的杆作用在膜片的下方。可以看出,膜片共受到三个力的作用,一个是感温包中制冷剂气体向下的压力,一个是弹簧向上的推力,还有一个是蒸发器出口制冷剂的压力,作用在膜片的下方。阀的开度取决于这三个力综合作用的结果。

当制冷负荷发生变化时,膨胀阀可根据制冷负荷的变化自动调节制冷剂的流量。当制冷负荷减小时,蒸发器出口处的温度就会降低,感温包的温度也会降低,其中的制冷剂气体便会收缩,使膨胀阀膜片上方的压力减小,阀门就会在弹簧和膜片下方气体压力的作用下向上移动,减小阀门的开度,从而减小制冷剂的流量。反之,制冷负荷增大时,阀门的开度会增大,增加制冷剂的流量。当制冷负荷与制冷剂的流量相适应时,阀门的开度保持不变,维持一定的制冷强度。

(2)内平衡式膨胀阀。内平衡式膨胀阀的结构与外平衡式膨胀阀的结构类似,如图7-23所示。不同之处在于内平衡式膨胀阀没有平衡管,膜片下方的气体压力直接来自于蒸发器的入口。内平衡式膨胀阀的工作过程与外平衡式膨胀阀的工作过程完全相同。

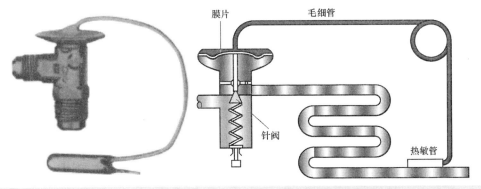

图7-23 内平衡式膨胀阀

(3)H形膨胀阀。除了上述内、外平衡式膨胀阀以外,还有一种H形膨胀阀得到了广泛的应用,H形膨胀阀取消了外平衡式膨胀阀的外平衡管和感温包,使其直接与蒸发器进出口相连。H形膨胀阀因其内部通路形状呈H形而得名,如图7-24所示。它有4个接口通往汽

项目七 汽车空调系统的构造与维修

车空调系统,其中两个接口和普通膨胀阀一样,一个接储液干燥器的出口,一个接蒸发器的进口,但另两个接口,一个接蒸发器的出口,一个接压缩机的进口。H形膨胀阀中也有一个膜片,膜片的一侧有一个热敏杆,热敏杆的周围是蒸发器出口处的制冷剂,制冷剂的温度的变化(制冷负荷变化)可通过热敏杆使膜片另一侧气体的压力发生变化,从而使阀门的开度变化,调节制冷剂的流量以适应制冷负荷的变化。H形膨胀阀具有结构简单、工作可靠的特点,在汽车上的应用越来越广。

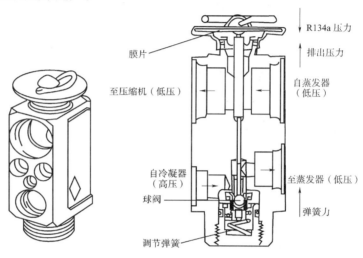

图7-24 H形膨胀阀的结构

6 膨胀节流管

膨胀节流管,也称细管,用于孔管系统上,其结构如图7-25所示,它没有感温包、平衡管,而有一个小孔节流元件和一个网状过滤器,一般用在隔热性能好,且车内负荷变化不大的轿车上。与膨胀阀相比,它结构简单、可靠性好、价格便宜,应用广泛,美国和日本的许多高级轿车都采用这种节流方式,但它不能根据工况变化调节制冷剂流量。节流管根据使用情况尺寸有所不同,其节流元件堵塞会导致节流管失效,即使清理堵塞,节流管的节流效果也不理想,所以节流管一旦失效,通常都是直接换件,而且储液罐一般也要同时更换。

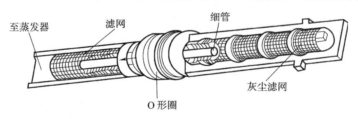

图7-25 节流管结构

7 蒸发器

蒸发器也是一个热交换器,膨胀阀喷出的雾状制冷剂在蒸发器中蒸发,吸收蒸发器空气中的热量,使其降温,达到制冷的目的。在降温的同时,溶解在空气中的水分也会由于温度降低凝结出来,蒸发器还要将凝结的水分排出车外。蒸发器安装在驾驶室仪表台的后面,其结构如

图 7-26 所示,主要由管路和散热片组成,在蒸发器的下方还有接水盘和排水管。

空调制冷系统工作时,鼓风机的风扇将空气吹过蒸发器,空气和蒸发器内的制冷剂进行热交换,制冷剂汽化,空气降温,同时空气中的水分凝结在蒸发器的散热片上,并通过接水盘和排水管排出车外。

❽ 空调管路

一个典型的空调系统管路布置如图7-27所示。根据功能的不同,空调管路可分为吸气管、排气管和液态管。

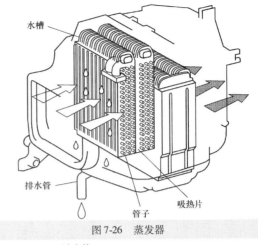

图 7-26 蒸发器

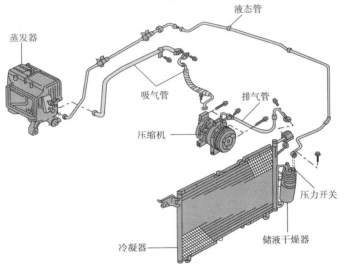

图 7-27 典型的空调管路系统布置

(1)吸气管:连接蒸发器和压缩机,直径是空调系统中最大的。空调系统工作时吸气管是凉的。

(2)排气管:连接压缩机和冷凝器。空调系统工作时,排气管是烫的,不要用手触摸,避免烫伤。

(3)液态管:连接冷凝器、储液干燥器、膨胀阀。空调系统工作时,液态管是温的。

四 空调暖风系统

向车厢内供暖是汽车空调的重要功能之一,汽车的暖风系统可以将车内的空气或从车外吸入车内的空气加热,从而提高车内的温度。汽车的暖风系统有许多类型,按热源的不同可分为热水取暖系统、燃气取暖系统等。目前小型车上主要采用热水取暖系统,而大型车辆上主要采用燃气取暖系统。

项目七　汽车空调系统的构造与维修

1 热水取暖系统

热水取暖系统的热源通常采用发动机的冷却液,使冷却液流过一个加热器芯,再使用鼓风机将冷空气吹过加热器芯加热空气,使车内的温度升高,如图7-28所示。

(1)热水取暖系统组成部件。热水取暖系统主要由加热器芯、水阀、鼓风机、控制面板等组成,其在车上的安装位置如图7-29所示。

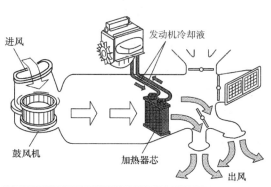

图7-28　热水取暖系统　　　　图7-29　热水取暖系统部件的安装位置

①加热器芯。加热器芯也是热交换器,其结构和功能与冷却系统散热器相同。发动机的冷却液进入加热器芯的水管,通过散热器片散热后,再返回发动机的冷却系统。

②水阀。水阀也称加热器控制阀、冷却液流动控制阀,它安装在发动机冷却液通道中,用于控制进入加热器芯的发动机冷却液流量,如图7-30所示。通过移动控制板上的温度调节杆便可操纵热水阀。

③鼓风机。鼓风机由可调节速度的直流电动机和鼠笼式风扇组成,其作用是将空气吹过加热器芯加热后送入车内。通过调节电动机的速度,可以调节向车厢内的送风量,鼓风机的结构如图7-31所示。

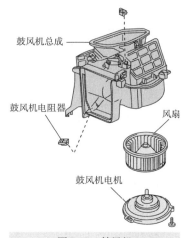

图7-30　水阀结构　　　　图7-31　鼓风机

(2)热水取暖系统调节温度的方式。热水取暖系统温度的调节方式有两种,一种是空气混合型,另一种是水流调节型,如图7-32所示。

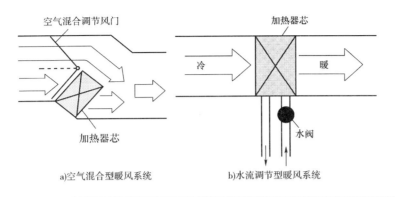

图 7-32 热水取暖系统温度调节方式

空气混合型暖风系统在暖风的气道中安装空气混合调节风门,这个风门可以控制通过加热器芯的空气和不通过加热器芯的空气的比例,从而实现温度的调节,目前绝大多数汽车均采用这种方式。

水流调节型暖风系统采用前述的水阀调节流经加热器芯的热水量,改变加热器芯本身的温度,进而调节温度。

2 燃气取暖系统

在大、中型客车上,仅靠发动机冷却液的余热取暖是远远满足不了要求的,为此,在大客车中常采用燃气取暖系统。燃气取暖系统的示意图如图 7-33 所示,燃油和空气在燃烧室中混合燃烧,加热发动机的冷却液,加热后的冷却液进入加热器芯向外散热,降温后返回发动机再进行循环。

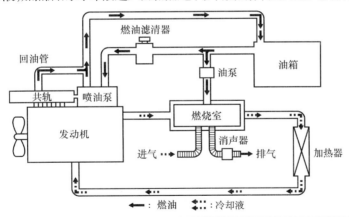

图 7-33 燃气取暖系统原理图

五 空调通风系统

通风系统的作用是将车外的新鲜空气引入车内,将车内的污浊空气排出车外,同时通风系统还具有风窗除霜的作用。通风系统可使车内的空气保持新鲜,提高车辆的舒适性。目前汽车上的通风有两种基本的方式,一种是利用汽车行驶中产生的动压进行动压通风,另一种是利用车上的鼓风机进行强制通风。

项目七 汽车空调系统的构造与维修

1 动压通风

动压通风是利用汽车在行驶时各个部位所产生的不同压力进行通风的。汽车在行驶时的压力分布如图 7-34 所示,在考虑通风时,只要将进风口设在正压区,排风口设在负压区即可。这种通风方式不需要另加动力,因此比较经济;但汽车在行驶速度较低时,通风的效果较差。

2 强制通风

强制通风是利用鼓风机进行通风,在进风口安装一台鼓风机将车外的空气吸入车内,车内的空气从排风口排出,如图 7-35 所示。这种通风方式不受车速的限制,通风效果较好。目前汽车通常都是利用空调系统的鼓风机进行强制通风。

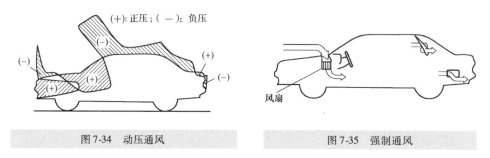

图 7-34　动压通风　　　　　图 7-35　强制通风

如果将上述两种通风方式结合起来,就形成了所谓的综合通风方式。汽车在低速行驶时采用强制通风,高速行驶时采用动压通风,这样就保证了汽车在各种工况下都能保持良好的通风效果,同时也降低了能耗。目前,小型汽车上基本上都采用了综合通风的方式。

六 空气净化装置

进入车内的空气由车外新鲜空气和车内再循环空气组成。车外空气受到粉尘、烟尘以及汽车尾气中 CO、SO_2 等有害气体的污染;车内空气受到乘客呼出的 CO_2、人体汗味以及漏入车内的废气污染。这些因素降低了车内空气的洁净度,而空气净化器能够清除车内空气中的异味微粒,并能去除车外空气中的花粉和灰尘,使空气得到净化,因此汽车空调需要装备空气净化器,如图 7-36 所示。

汽车空调系统采用的空气净化装置通常有空气过滤式和静电集尘式两种。

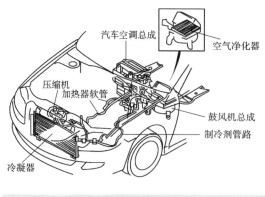

图 7-36　空气净化系统

(1) 空气过滤式空气净化装置。空气过滤式空气净化装置是在汽车空调系统的送风和回风口处设置空气滤清装置,滤除空气中的灰尘和杂物。有些车辆的空气净化系统在滤清器中加入活性炭,可吸收空气中的异味,这种过滤装置结构简单,广泛用于各种汽车空调系统中,如图 7-37 所示。

（2）静电集尘式空气净化装置。静电集尘式空气净化装置是在空气进口的过滤器后再设置一套静电集尘装置或单独安装一套用于净化车内空气的静电除尘装置。它除了具有过滤和吸附烟尘等微小颗粒杂质的作用外，还具有除臭、杀菌、产生负氧离子以使车内空气更为新鲜洁净的作用。由于其结构复杂、成本高，所以，只用于高级轿车和旅行车上。图7-38为静电集尘式空气净化装置的空气净化过程。

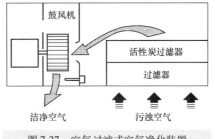

图7-37　空气过滤式空气净化装置

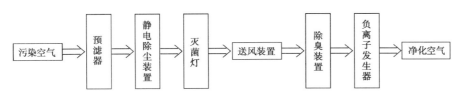

图7-38　静电集尘式空气净化装置原理图

七、风窗玻璃防雾装置

在气温较低的环境中，风窗玻璃内侧易结雾，甚至冰霜，会造成视线不良，严重影响行车安全。通常采用加热的方法将其除去。前风窗玻璃一般采用暖风加热的方法除雾，而后风窗玻璃通常采用电热线加热的方法除雾，其中电热线由镀在后风窗玻璃内表面的多条金属导电膜制成。

后风窗除雾电热线装置，如图7-39所示，由除雾开关、电热线开关、CPU、继电器及后窗除雾电热线等组成，除雾电热线定时器装在中央处理器（CPU）内。

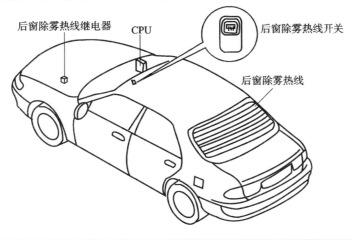

图7-39　后窗除霜电热线装置的组成

八、空调调节系统

空调的调节系统有手动调节和自动调节之分，其调节控制面板如图7-40所示。

项目七 汽车空调系统的构造与维修

a)手动空调

b)自动空调

图 7-40 空调的控制面板

下面以手动调节说明空调调节系统的工作情况。手动空调的调节包括温度调节、出风口位置调节、鼓风机风速调节和空气的内外循环调节等。调节是通过空调控制面板上的拨杆或旋钮进行的。其中,温度调节、出风口位置调节、空气内外循环调节是通过气道中的调节风门实现的,空调开关和运行模式选择开关、鼓风机速度选择是通过电路控制实现的。空调控制面板到调节风门的控制方式有拉线式、真空式和电动式三种,如图 7-41 所示。

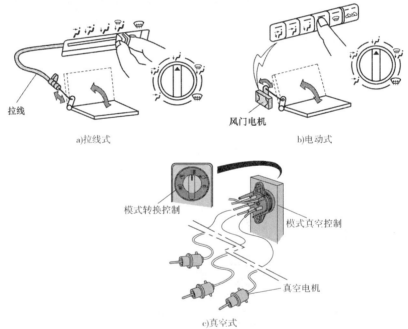

图 7-41 空调调节风门的控制方式

1 温度调节

目前小型车的空调系统温度调节多采用冷暖风混合的方式,在空气的进气道中,所有的空气都通过蒸发器,用一个调节风门控制通过加热器芯的空气量,同时用一个水阀控制流过加热器芯的冷却液的量,通过加热的空气和未通过加热器的空气混合后形成不同温度的空气从出风口吹出,实现温度调节。在空调的控制面板上设有温度调节拨杆或旋钮,用于改变调节风门和水阀的位置。温度调节风门的位置如图 7-42 所示。

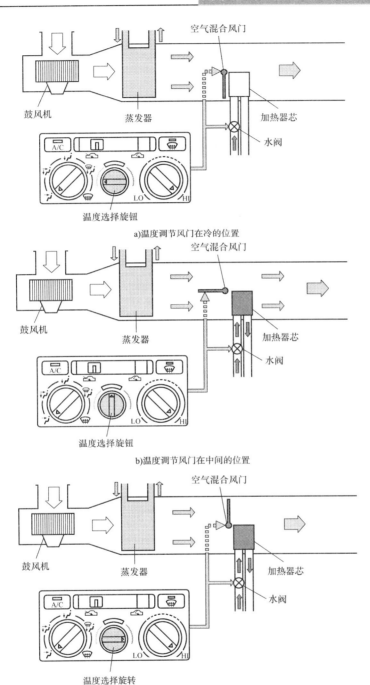

图 7-42 温度调节风门位置图

2 出风口位置调节

出风口位置调节系统可以根据不同需要,选择不同的出风口出风,常见的设置包括:中

项目七 汽车空调系统的构造与维修

央出风口、边出风口、脚下出风口和风窗玻璃除霜出风口等。所有出风口都可以通过控制面板上的气流选择调节拨杆或旋钮进行调节的,具体调节情况如图 7-43 所示。

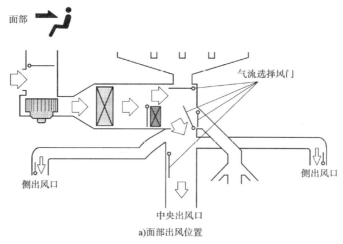

a)面部出风位置

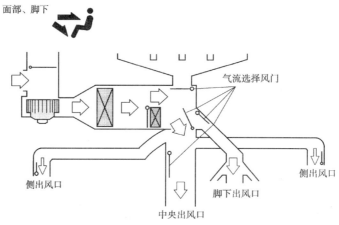

b)面部和脚下出风位置

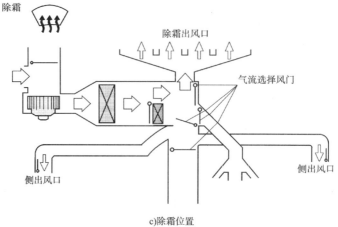

c)除霜位置

图 7-43 出风口位置调节

3 空气内外循环调节

空气风外循环调节系统可以选择进入车内的空气是外部的新鲜空气还是车内的非新鲜空气。如果选择外部新鲜空气称为外循环,选择车内空气则称为内循环。这种选择可以通过控制面板上的内外循环选择按钮或拨杆控制进气口处的调节风门实现,如图7-44所示。

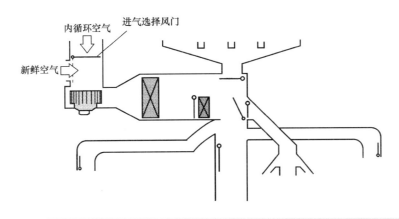

图7-44　空气内外循环调节

4 鼓风机转速的调节

鼓风机转速是通过在鼓风机电路中串入不同的电阻实现的,如图7-45所示。在鼓风机电路中串入3个电阻,通过开关控制,实现4个转速挡(空调控制面板上的LO、2、3、HI)。如果将电阻改为电子控制,则可实现无级调速。

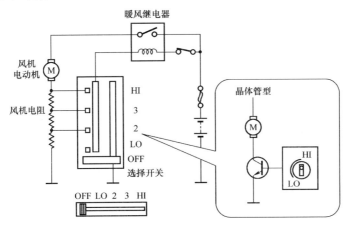

图7-45　鼓风机转速的调节

九 空调控制系统

空调控制系统的功能是保证空调制冷系统正常运转,同时也要保证空调系统工作时发动机的正常运转。空调控制系统主要是通过控制压缩机电磁离合器的结合与分离实现温度控制与系统保护,通过对鼓风机的转速控制调节制冷负荷。

1 电磁离合器

电磁离合器安装在压缩机上,其作用是控制发动机与压缩机的动力传递。空调制冷系统工作时,使发动机能驱动压缩机运转;制冷系统停止运行时,切断发动机到压缩机的动力传递。

电磁离合器的结构如图 7-46 所示,主要包括压力板、V 形带轮和定子线圈等主要部件。压力板与压缩机轴相连,V 形带轮通过轴承安装在压缩机的壳体上,V 形带轮通过 V 形带由发动机驱动,定子线圈也安装在压缩机的壳体上。

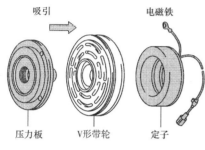

图 7-46 电磁离合器的结构

当接通空调开关使空调制冷系统进入工作状态时,电磁离合器的定子线圈通电,线圈通电后产生磁力,将压力板吸向 V 形带轮,使两者结合在一起,发动机的动力便通过 V 形带轮传递到压力板,带动压缩机运转。当空调制冷系统停止工作时,电磁离合器的定子线圈断电,磁力消失,压力板与 V 形带轮分离,此时 V 形带轮通过轴承在压缩机的壳体上空转,压缩机停止运转。

2 蒸发器温度控制

蒸发器温度控制的目的是防止蒸发器结霜。如果蒸发器的温度低于 0℃,凝结在蒸发器表面的水分就会结霜或结冰,严重时将会堵塞蒸发器的空气通路,导致系统制冷效果大幅降低。为了避免这种情况的发生,就必须控制蒸发器的温度在 0℃以上。控制蒸发器温度的方法通常有两种:一种是用蒸发压力调节器控制蒸发器的压力来控制蒸发器的温度,另一种是利用温度传感器或温度开关控制压缩机的运转来控制蒸发器的温度。

(1)蒸发压力调节器(EPR)。根据制冷剂的特性,只要制冷剂的压力高于某一数值,其温度就不会低于 0℃(对于 R134a,此压力大约为 0.18MPa),因此只要将蒸发器出口的压力控制在一定的数值,就可以防止蒸发器表面结霜或结冰。蒸发压力调节器可以根据制冷负荷的大小调节蒸发器出口处的压力,确保蒸发器出口的压力使制冷剂不低于 0℃。

蒸发压力调节器安装在蒸发器出口到压缩机入口的管路中,如图 7-47 所示。它主要由金属波纹管、活塞、弹簧等组成,用于在管路中形成一个可调节制冷剂流量的阀门。当制冷负荷减小时,蒸发器出口处制冷剂的压力就会降低,作用在活塞上向左的力 p_e 减小,该力小于金属波纹管内弹簧向右的力 p_s,使活塞向左移动,阀门开度减小,制冷剂的流量也随之减小,并使蒸发器出口处的压力升高。反之,在制冷负荷增大时,活塞可向右移动,阀门开度增大,增加制冷剂的流量,以适应制冷负荷增大的需要。

(2)蒸发器温度控制电路。目前蒸发器的温度控制电路主要有两种形式:一种是用温度开关(恒温器)直接控制压缩机电磁离合器。蒸发器温度开关安装在蒸发器的中央,当蒸发器表面温度低于某一设定值时,温度开关切断压缩机电磁离合器电路,使压缩机停止工作,防止蒸发器结冰,如图 7-48 所示。

另一种是将热敏电阻安装在蒸发器的表面,当蒸发器表面的温度低于某一设定值时,热敏电阻的阻值变化给空调 ECU 低温信号,空调 ECU 控制继电器切断压缩机电磁离合器电路,使压缩机停转,控制蒸发器温度不低于 0℃,如图 7-49 所示。

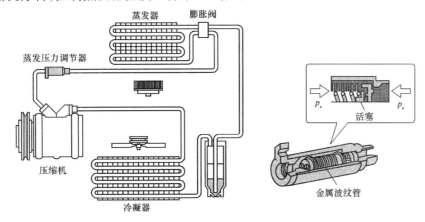

图 7-47　蒸发压力调节器

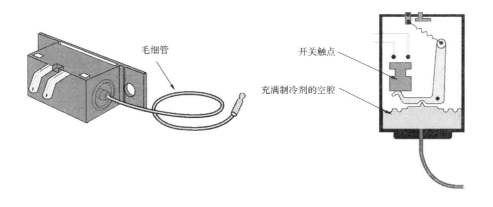

图 7-48　蒸发器温度开关

3 冷凝器风扇控制

目前,车辆的冷却系统多采用电动风扇冷却,而空调制冷系统的冷凝器也采用同一风扇进行冷却。当冷却液温度较低时,风扇不工作;当冷却液温度升高到某一规定值时,风扇以低速运转;当温度进一步升高到另一个设定值时,风扇则以高速运转;当空调制冷系统开始工作时,不管冷却液温度高低,风扇都运转;当制冷系统压力高过一定值时,风扇则以高速运转。

风扇转速的控制有两种:一种是用一个电风扇串联电阻的方式调节风扇的转速,另

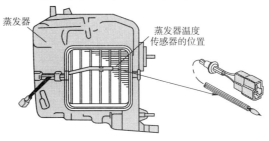

图 7-49　蒸发器温度传感器

一种是利用两个电风扇以串联和并联的方式调节风扇的转速。

4 制冷循环压力控制

空调制冷循环系统中如果出现压力异常,会造成系统部件的损坏。因此,在空调制冷系统工作时,必须对系统压力进行监测,防止出现系统压力异常。常采用的方法是:在系统的高压管路中安装压力开关,压力开关有低压开关和高压开关之分,如图7-50所示。低压开关用于监测制冷循环系统中高压管路压力是否过低,如果压力低于规定值,低压开关将切断压缩机的电路使压缩机停止工作。高压开关安装在高压管路中,用于监测高压管路中压力是否过高。如果压力过高,有两种处理方法:一种是加强对冷凝器的冷却强度,使压力降低;另一种是切断电磁离合器的电路,使压缩机停止运转。通常加强冷却强度控制的压力要低于切断离合器控制电路的压力。目前,空调系统中的压力开关通常都是将低压开关和高压开关制成一体,称为组合压力开关或多功能压力开关。多数组合压力开关可实现低压切断离合器控制电路、高压接通冷凝器风扇高速挡或切断离合器控制电路的双重功能,还有部分压力开关将上述三种功能集于一身,构成三功能压力开关。通常低压切断离合器电路的压力约为0.2MPa,高压接通凝器风扇高速挡的压力约为1.6MPa,高压切断电磁离合器的压力约为3.2MPa。

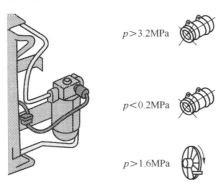

图7-50 压力开关

5 怠速提升

在车流量较大的道路上行驶,汽车发动机经常处于怠速运转状态,发动机的输出功率低,如果此时开启空调的制冷系统,可能会造成发动机停机,为防止这种情况的发生,在空调的控制系统中采用了怠速提升装置,如图7-51所示。

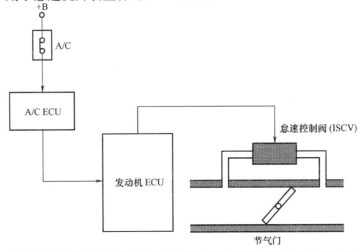

图7-51 怠速提升装置

当接通空调制冷开关(A/C)后,发动机的控制单元(ECU)便可接收到空调开启的信号,控制单元便控制怠速控制阀将怠速旁通气道的通路增大,使进气量增加,提高怠速转速。如果是节气门直动式怠速控制机构,控制单元便控制电动机将节气门开大,提高怠速转速。

任务二　充注制冷剂

一　实训准备

1 实训器材

(1) R134a 制冷剂(图7-52)。
(2) 其他工具及器材:桑塔纳2000GSi 轿车(见图2-14)、举升机(见图2-15)、组合工具(见图2-31)、扭力扳手(见图5-89)、真空泵、歧管压力计、检漏仪、制冷剂注入阀或制冷剂计量工具、制冷剂罐、R134a 制冷剂、转向盘护套、变速杆手柄套、座位套、脚垫、翼子板和前格栅磁力护裙等。

图7-52　R134a 制冷剂

2 准备工作

(1) 汽车进入工位前,将工位清理干净,准备好相关的器材。
(2) 将汽车停驻在举升机中央位置(见图2-17)。
(3) 拉紧驻车制动器操纵杆(见图2-18),并将变速杆置于空挡位置。
(4) 套上转向盘护套(见图2-19)、变速杆手柄套和座位套,铺设脚垫。
(5) 在车内拉动发动机舱盖手柄。在车外打开并支撑发动机舱盖(见图2-20)。
(6) 粘贴翼子板和前格栅磁力护裙(见图2-21)。

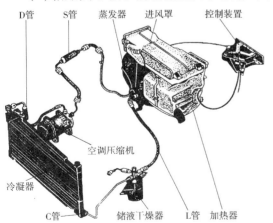

图7-53　桑塔纳2000GSi 型轿车空调系统的布置

二　充注制冷剂

桑塔纳2000GSi 型轿车空调系统布置如图7-53所示。注意:在充注制冷剂之前必须清除制冷系统中的空气,即抽真空。若系统中有空气,会降低热交换率,使水蒸气在膨胀中凝结,腐蚀制冷系统的金属部件。

1 抽真空及充注制冷剂的工具

(1) 真空泵(图7-54)。其容量必须超过18L/min(2.67kPa)。
(2) 歧管压力计。它是汽车空调检修操

作中的主要工具,在抽真空、充注制冷剂和检查制冷循环压力时都要使用到。歧管压力计结构如图 7-55 所示,主要由高压表(计)、低压表(计)、阀体、单向阀(史特拉阀)、高低压侧手动阀和连接软管等组成。

(3)检漏仪。检漏仪是用于检查空调制冷系统有无泄漏部位的主要工具。它是一种丙烷气燃烧喷灯,利用制冷剂气体进入安装在喷灯的检测管(吸入管)内,可使喷灯的火焰按漏气的多少相应地改变颜色。利用这一特性可以判断制冷剂的泄漏部位及泄漏程度,其结构如图 7-56 所示。

图 7-54　真空泵　　　　　　　　　　　　图 7-55　歧管压力计

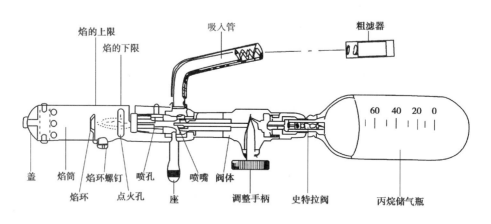

图 7-56　检漏灯式检漏仪

注意:若充注的制冷剂为小罐,则还需备有制冷剂注入阀(图 7-57)。若为大罐制冷剂,则必须备有制冷剂计量工具。

2 抽真空

(1)分别将高压表接入储液干燥器的维修阀,低压表接入自蒸发器至压缩机低压管路上的维修阀,中间注入软管安装于真空泵接口,如图 7-58 所示。

(2)起动真空泵,打开歧管表高低压手动阀。

(3)系统抽真空,使低压表所示的真空度达 0.1MPa。抽真空时间为 5~10min。

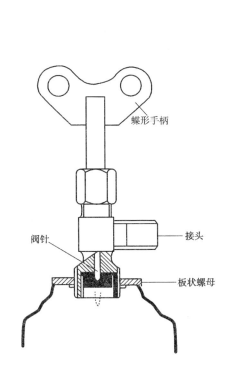

图 7-57　注入阀结构

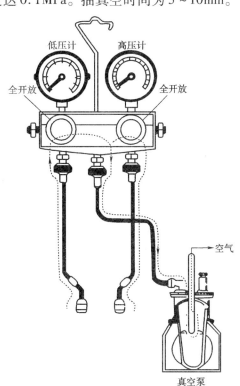

图 7-58　抽真空连接

(4)关闭真空泵手动阀,真空泵继续运转,打开制冷剂罐,让少量 R134a 制冷剂进入系统(压力为 0~49kPa),关闭罐阀。

(5)放置 5min,观察压力表,若指针继续上升,说明真空下降,系统有泄漏之处,应使用检漏仪进行泄漏检查,并修理堵漏。

(6)继续抽真空 20~25min,并重复步骤(5)。如压力指针保持不动,说明无泄漏,可进行下一步工作。

(7)关闭高、低压压力表的手动阀,停止抽真空,从真空泵的接口拆下中间注入软管,准备注入制冷剂。

3 充注制冷剂

(1)抽完真空后,将注入阀连接在制冷剂罐上。

(2)将高、低压压力表的中间注入软管安装在注入阀接口上,顺时针拧紧注入阀手柄,使阀上的顶针将制冷罐顶开一个小孔。逆时针旋松注入阀手柄,退出顶针,使制冷剂进入中间注入软管。如一罐用完,再用第 2、3 罐时,仍应先关闭压力表的手动阀,重新顶开罐孔,中间注入软管在表头处拧松,以排出管内空气。

(3)拧松连接高、低压压力表中心接头的注入软管螺母,如看到白色制冷剂气体外溢,或听到嘶嘶声,说明注入软管中的空气已排出,可以拧紧该螺母。桑塔纳2000GSi型轿车制冷剂充注量为(1150 ± 50) g。

(4)旋开高压表侧手动阀,将制冷剂罐倒立,使制冷剂以液态注入制冷系统。在充注时不得起动发动机和打开空调,以防制冷剂倒灌,如图7-59所示。

(5)旋开低压侧手动阀,使制冷剂以气态形式通过低压侧注入。此时要防止液态注入,以免造成液击现象,损坏压缩机。

(6)如制冷剂不足,则可按图7-60所示关闭高压侧手动阀,开启低压侧手动阀,将制冷剂罐直立。起动发动机接合压缩机快速运转,让气态制冷剂从低压侧吸入压缩机。

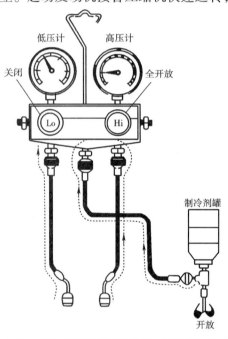

图7-59 液态制冷剂的充注

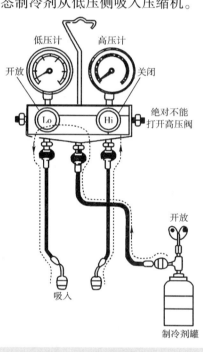

图7-60 气态制冷剂的充注

(7)向系统充注规定质量的制冷剂后,停止发动机运转,关闭高、低压力表的两个手动阀和制冷剂罐上的注入阀,拆除低压侧维修阀软管,待高压侧压力下降后,方可从高压侧维修阀拆下高压表软管。

任务三 空调系统部件的更换

一 实训准备

1 实训器材

(1)鲤鱼钳(图7-61)。
(2)螺丝刀(图7-62)。

(3)其他工具及器材:桑塔纳 2000GSi 轿车(图 2-14)、举升机(图 2-15)、组合工具(图 2-31)、扭力扳手(图 5-89)、真空泵(图 7-54)、歧管压力计(图 7-55)、检漏仪(图7-56)、制冷剂注入阀(图 7-57)或制冷剂计量工具、R134a 制冷剂(图 7-52)、转向盘护套、变速杆手柄套、座位套、脚垫、翼子板和前格栅磁力护裙等。

图 7-61 鲤鱼钳

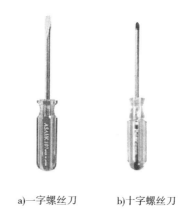

a)一字螺丝刀　　b)十字螺丝刀

图 7-62 螺丝刀

2 准备工作

(1)汽车进入工位前,将工位清理干净,准备好相关的器材。
(2)将汽车停驻在举升机中央位置(图 2-17)。
(3)拉紧驻车制动器操纵杆(图 2-18),并将变速杆置于空挡位置。
(4)套上转向盘护套(图 2-19)、变速杆手柄套和座位套,铺设脚垫。
(5)在车内拉动发动机舱盖手柄。在车外打开并支撑发动机舱盖(图 2-20)。
(6)粘贴翼子板和前格栅磁力护裙(图 2-21)。

二、空调系统部件的更换

1 空调压缩机的更换

空调压缩机和离合器的主要部件分解图如图 7-63 和图 7-64 所示。

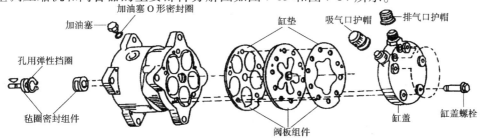

图 7-63 空调压缩机部件分解图

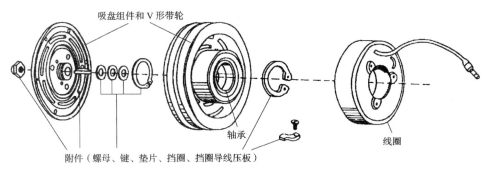

图 7-64 离合器部件分解图

❶ 空调压缩机的拆卸

(1) 拔下蓄电池负极导线。
(2) 排放制冷剂。
(3) 拆卸高、低压管,封闭管口,防止异物侵入。
(4) 拆卸电磁离合器导线。
(5) 拆卸空调压缩机固定螺栓,取下空调压缩机。

❷ 空调压缩机的安装

安装步骤与拆卸步骤相反,但应注意以下几点:

(1) 安装空调压缩机时,必须使空调压缩机离合器V形带轮、发动机V形带轮的带槽对称面处在同一平面内,并保持V形带适当的张紧度。
(2) 以规定力矩拧紧固定螺栓。
(3) 冷凝器与风扇之间应保持一定间隙,一般不少于20mm,空调压缩机及其托架和软管之间的间隙为15mm。
(4) 应更换高、低压管密封垫圈,检查发动机供油系统及冷却系统,防止渗漏。

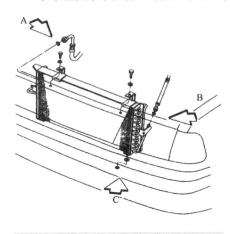

图 7-65 冷凝器的拆卸

2 冷凝器的更换

❶ 冷凝器的拆卸

(1) 排放制冷系统的制冷剂。
(2) 拆下散热器。
(3) 如图 7-65 所示,拆下冷凝器进口管 A 和出口管 B。
(4) 拧下固定螺栓,拆下冷凝器。

❷ 冷凝器的安装

(1) 安装前应充分清洗冷凝器,确保有足够的空气流经冷凝器盘管,使其充分散热。
(2) 安装时注意冷凝器下部的正确位置(见图 7-65 中 C),上端与发动机罩的间隙不得小于5mm。

3 蒸发器的更换

1 蒸发器的拆卸

(1) 排放制冷系统的制冷剂。
(2) 拆下新鲜空气风箱盖。
(3) 拆下蒸发器外壳。
(4) 如图 7-66 所示,拆下低压管固定件及压缩机管路,并封住管的端部。
(5) 如图 7-67 所示,拆下高压管固定件及储液干燥器,并封住管的端部。

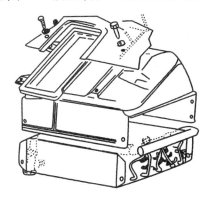

图 7-66 蒸发器的拆卸(1)

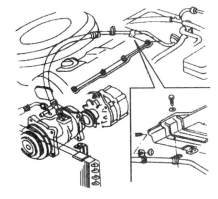

图 7-67 蒸发器的拆卸(2)

(6) 拆下仪表板右侧下部挡板及网罩。
(7) 拆下蒸发器口的感应管。
(8) 拆下蒸发盘,取出蒸发器。

2 蒸发器的安装

(1) 蒸发器外壳下方有排水孔,应保证排水孔通畅,不能阻塞或遮挡。
(2) 连接电线与发动机机体之间的距离至少为 50mm,与燃油管的间隙最少为 100mm。
(3) 如图 7-68 所示,安装蒸发盘时,应将边缘安置在横向盘网的凸缘上。
(4) 如图 7-69 所示,将感应管插入蒸发器。注意:切勿将感应管扭曲或折叠。

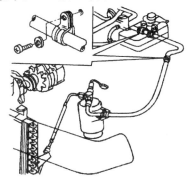

图 7-68 蒸发器的安装(1)

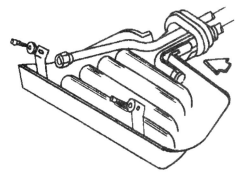

图 7-69 蒸发器的安装(2)

(5) 蒸发器上插有感温开关的毛细管,安装时切勿将感温管扭曲,为防止将其拔出,应将其夹紧。

项目七 汽车空调系统的构造与维修

工 作 页

第一部分 理论知识

1. 空调的工作过程实际就是热量的传递和转移的过程,热量都是通过_____、_____、_____或这三种方式的任意组合传递的。

2. 空调系统作用有:_____、_____、_____和_____等。

3. 汽车空调系统一般由_____、_____、_____、_____、_____和_____等组成,将图中部件名称填入表格中。

1-_____;2-_____;3-_____;4-_____;5-_____;
6-_____;7-_____;8-_____;9-_____;

4. 将图中汽车空调制冷系统部件名称填入表格中。

1-_____;2-_____;
3-_____;4-_____;
5-_____;6-_____;

5. 将图中制冷循环系统部件名称填入表格中。

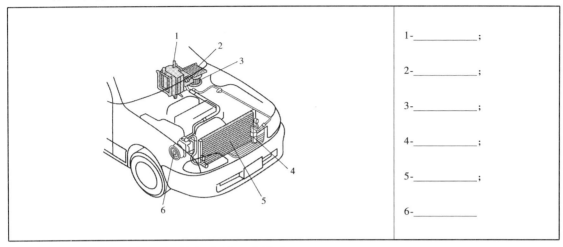

1-_____；

2-_____；

3-_____；

4-_____；

5-_____；

6-_____

6. 将图中储液干燥器部件名称填入表格中。

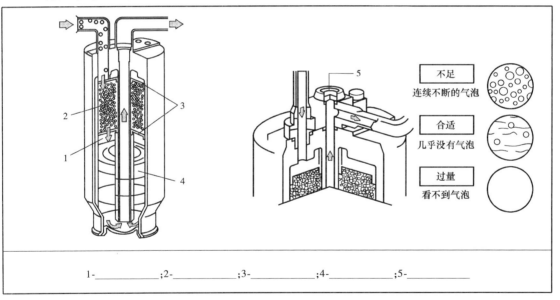

1-_____;2-_____;3-_____;4-_____;5-_____

7. 将图中膨胀节流管部件名称填入表格中。

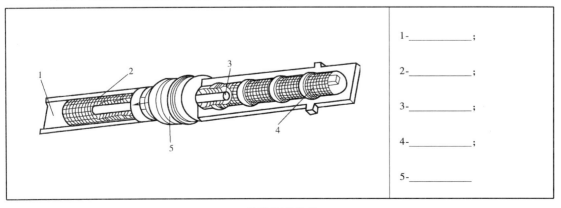

1-_____；

2-_____；

3-_____；

4-_____；

5-_____

项目七 汽车空调系统的构造与维修

8. 将图中蒸发器部件名称填入表格中。

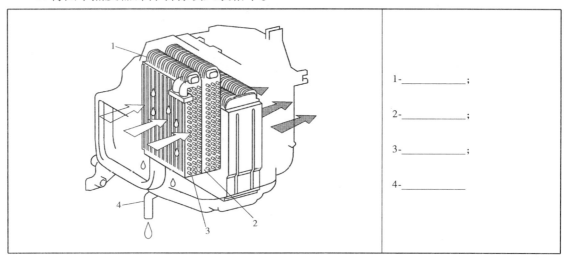

1-_____;

2-_____;

3-_____;

4-_____

9. 将图中空气净化系统部件名称填入表格中。

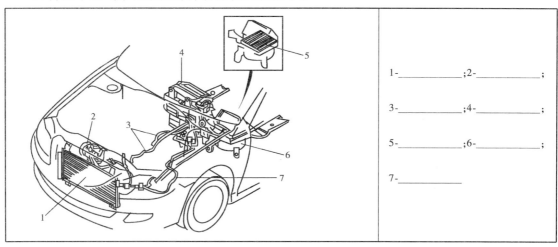

1-_____;2-_____;

3-_____;4-_____;

5-_____;6-_____;

7-_____

10. 将图中蒸发压力调节器部件名称填入表格中。

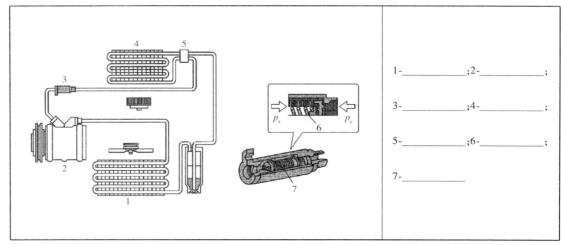

1-_____;2-_____;

3-_____;4-_____;

5-_____;6-_____;

7-_____

第二部分 实 践 操 作

1. 简述充注制冷剂的方法。

2. 简述空调系统主要部件的更换方法。

第三部分 评价与反馈

考核项目	评分标准	分　数	学生自评	小组评价	教师评价	小　计
团队合作	是否和谐	5				
活动参与	是否积极主动	5				
安全生产	有无安全隐患	10				
现场5S	是否做到	10				
任务方案	是否合理	15				
操作过程	充注制冷剂；空调系统部件的更换	30				
任务完成情况	是否圆满完成	5				
工具和设备使用	是否规范、标准	10				
劳动纪律	是否能严格遵守	5				
工单填写	是否完整、规范	5				
总　分		100				
教师签名：			年　月　日		得分	

参 考 文 献

[1] 周建平.汽车电气设备构造与检修[M].北京:人民交通出版社,2005.

[2] 马伟森.汽车维护[M].北京:人民交通出版社,2011.

[3] 周德新.汽车维修基础[M].北京:人民交通出版社,2011.

[4] 窦宏.汽车电器理实一体化教材[M].北京:人民交通出版社,2011.

[5] 朱军.汽车电器常见维修项目实训教材[M].北京:人民交通出版社,2008.

[6] 陈凡主.汽车电子与电气系统诊断与维修[M].北京:人民交通出版社,2012.

[7] 朱军.汽车维修常用工量具使用[M].北京:人民交通出版社,2010.

[8] 邓斌.汽车电气设备构造与拆装[M].北京:人民交通出版社,2011.